Gesundheit in Wort & Bild

Die Ratgeber der Reihe »Gesundheit in Wort & Bild« erklären in leicht verständlicher Form häufige Krankheiten und gesundheitliche Störungen. Zahlreiche Illustrationen veranschaulichen die Zusammenhänge zwischen Körperfunktion und Gesundheit. Die vielen praktischen Hinweise werden sicher auch für Sie hilfreich sein. Außerdem finden Sie in den Ratgebern jeweils ein ausführliches Verzeichnis von Adressen, an die Sie sich im entsprechenden Fall wenden können.

Jeder Ratgeber enthält u. a.
- die wichtigsten Informationen über die Funktion Ihres Körpers;
- genaue Beschreibungen zu den jeweiligen Krankheitsursachen;
- Hinweise und Übersichten zu den Risikofaktoren;
- Empfehlungen für eine gesunde Lebensführung;
- allgemeinverständliche Erläuterungen, wie die gebräuchlichsten Arzneimittel wirken und was Sie bei ihrer Anwendung beachten sollten.

Wenn Sie spezielle Fragen zum Thema Arzneimittel und Gesundheit haben, dann werden Sie in Ihrer Apotheke sicher fachgerecht beraten. Fragen Sie dort auch nach weiteren Bänden der Ratgeber-Reihe »Gesundheit in Wort & Bild«.

Wichtiger Hinweis

Die medizinische Wissenschaft entwickelt sich ständig weiter. Forschung und klinische Erfahrungen führen zu neuen Erkenntnissen, insbesondere bei der Behandlung mit Medikamenten. Soweit in diesem Buch deren Anwendung und Dosierung erwähnt wird, entsprechen diese Angaben genau dem Wissensstand bei Drucklegung dieses Werkes. Wir weisen aber darauf hin, daß eine Haftung für die Richtigkeit nicht übernommen werden kann. Wir bitten daher alle Leser, die Beipackzettel der verwendeten Medikamente genau zu studieren, ob die dort gegebenen Empfehlungen für die Dosierung, die Warnhinweise und Kontraindikationen eventuell gegenüber den Angaben in diesem Buch abweichen.

Fragen Sie im Zweifelsfall immer Ihren Apotheker oder den behandelnden Arzt, und befolgen Sie genau deren Anweisungen.

Gesundheit in Wort & Bild

Die kritischen Tage davor

Das prämenstruelle Syndrom (PMS)

von Margaret Minker

Wissenschaftliche Mitarbeit:

Professor Dr. med. Peter Stoll

WORT & BILD VERLAG

Die Ratgeber-Reihe »Gesundheit in Wort & Bild«
wird entwickelt in Zusammenarbeit mit
der TR-Verlagsunion, München,
dem Deutschen Grünen Kreuz, Marburg,
der Bundesvereinigung für
Gesundheitserziehung, Bonn, und
der Deutschen Zentrale für
Volksgesundheitspflege, Frankfurt.

ISBN 3-927216-10-0
1. Auflage 1990

Lektorat der Ratgeber-Reihe: Michael H. Flatzek
Druck: Bruckmann München

Inhalt

Inhalt

Die Fähigkeit der Frau, neues Leben zu entwickeln und zur Welt zu bringen, hat ihr zu allen Zeiten eine Sonderstellung eingeräumt. Das bedeutete aber nicht nur Vorteile, sondern auch Nachteile.
Neben dem sexuellen Begehren und der Ehrerbietung für die Mutterschaft von seiten des Mannes gab und gibt es gleichzeitig das Unbehagen vor dem Unverständlichen, dem Geheimnisvollen, gab es immer auch Angst und Abwehr gegenüber dem Körper der Frau.
Der Begriff der »Unreinheit«, der Frauen während der monatlichen Blutung bis in unsere Tage zum Teil noch anhaftet – vor allem in ländlichen Bezirken und von Tradition bestimmten Gesellschaften –, steht als eine Markierung von vielen.
Wenn wir uns heute als in einer aufgeklärten Gesellschaft lebend sehen, so stimmt das nur bedingt. Natürlich sind im Vergleich mit der Zeit unserer Großmütter viele Tabus belanglos geworden.
Über Sexualität etwa haben uns die Medien bis in alle Details informiert, wir sprechen – mehr oder weniger – offen darüber, und so sind auch Körperfunktionen kein grundsätzlich vermiedenes Thema.
Also sollten Vorgänge »unterhalb der Gürtellinie« mittlerweile auch kein Anlaß mehr für »unklare«, organisch nicht zu begründende Störungen sein dürfen.
Das ist, wie wir wissen, in vieler Hinsicht nicht der Fall.

Vorwort

Gerade der weibliche Körper in seiner zyklusgebundenen Lebensform bestätigt immer wieder, daß einzelne Teilbereiche und Organe nicht nur in ihrer Funktion gesehen und – wenn nötig – »repariert« werden können.
Erst wenn wir die Ganzheit körperlich-seelischer Vorgänge erfassen, wird verständlich, daß der Körper der Frau für sie auf besondere Art schicksalhaft ist.
In unserer Zeit haben Frauen innerhalb der letzten Jahrzehnte als nicht geringen Teil ihrer Emanzipation auch ein neues Körperbewußtsein entwickelt. Der Nachholbedarf ist groß, die eigene Leiblichkeit überhaupt gewahr und ohne Aussparungen zur Kenntnis zu nehmen. Das heißt also, einerseits die Weiblichkeit uneingeschränkt zu akzeptieren und gleichzeitig ihre Vitalität und ihre Bedürfnisse zu erkennen und zu leben. Nicht mehr und nicht weniger.
In einer Übergangsphase, wie wir sie gegenwärtig in bezug auf die Rolle der Frau durchlaufen, ist sehr viel mehr in Bewegung geraten als ein paar fachliche Begriffe und Diagnosen. Die Wechselbäder für das Selbst-Verständnis von Frauen sind für sie selbst oft schwer zu verkraften.
In solchem Zusammenhang erscheint das prämenstruelle Syndrom auch als ein Zeichen für Auseinandersetzung. Eine Auseinandersetzung um den Status »Frau«, den die Betroffenen im Laufe der Geschichte immer wieder aufs neue zu bestehen hatten und haben.
Dabei sind Aufklärung und das Wissen um Vor-

gänge im körperlich-seelischen und geistigen Bereich von größter Bedeutung. Dieser Aufgabe hat sich auch FRAU UND GESUNDHEIT e.V. mit einer Broschürenreihe und einem wechselnden Angebot von Seminaren gestellt.
Ein Handbuch wie das hier vorliegende gibt zum Thema PMS eine denkbar große Vielfalt an fundierten Informationen und konkreten Ratschlägen.
Dafür werden Frauen dankbar sein.

Ruth Schmid-Heinisch
1. Vorsitzende
FRAU UND GESUNDHEIT e.V.
Helenenweg 15
4020 Mettmann

PMS vor 15 Jahren noch wenig bekannt

Vor zehn oder fünfzehn Jahren hätten die allermeisten Frauen noch verwundert den Kopf geschüttelt, wenn man sie gefragt hätte, ob sie denn wohl Anzeichen des »prämenstruellen Syndroms« an sich verspüren. In der medizinischen Fachwelt war dieser Ausdruck zwar schon ein Begriff – die britische Ärztin Dr. Katharina Dalton hatte ihn bereits in den fünfziger Jahren geprägt –, doch in der allgemeinen Öffentlichkeit war er praktisch unbekannt. Viele Frauen jedoch hätten auch damals schon seufzend genickt, hätte man sie nach ihren »kritischen Tagen vor den Tagen« befragt. Oh ja, das kannten manche von ihnen: Kurz vor dem Einsetzen ihrer Monatsblutung fühlen sie sich ganz besonders müde, aufgedunsen, gereizt und deprimiert zugleich. Sie haben Schmerzen in den Brüsten und ein Ziehen im Kreuz, sind mit sich und der Welt ein paar schwierige Tage lang so gar nicht im reinen. Ähnliches hatten auch ihre Mütter und Großmütter schon durchgemacht – und meist klaglos als unabänderlichen Bestandteil ihres Frauseins hingenommen. Über solche weiblichen »Unpäßlichkeiten«, die oft viel schlimmer waren als die bewußten »Tage« selbst, wurde kein großes Aufhebens gemacht. Und gar ein besonderes Wort dafür, einen speziellen medizinischen Ausdruck, schien es überhaupt nicht zu geben.

Früher hat niemand darüber nachgedacht

Über alles, was mit der Menstruation zusammenhängt, und auch über diese Beschwerden an den Tagen zuvor, sprachen Frauen kaum – weder miteinander noch mit ihren Töchtern.

Und auch zu ihren Ärzten gingen sie nur, wenn es gar zu schlimm wurde und sie nicht mehr unterscheiden konnten, ob sie nun »nur unpäßlich« waren oder ernstlich krank. Vom Arzt kamen sie meist mit einem Rezept zurück: für Psychopharmaka, damit sie nicht länger so unruhig und depressiv waren; für Hormontabletten, damit das Brustspannen aufhörte; für Entwässerungsmittel, damit sie die Wassereinlagerungen im Körper loswurden; für Schmerztabletten, damit die allmonatliche Migräne aufhörte.

Nicht allzuviele Ärzte und nur wenige Frauen selbst kamen damals auf die Idee, ihre vielfältigen und mitunter heftigen einzelnen Beschwerden könnten Teile eines größeren Komplexes sein, der sich unter der Überschrift »prämenstruelles Syndrom« zusammenfassen ließe. Und noch weniger wären sie davon ausgegangen, daß diese einzelnen, individuell so verschiedenen Beschwerdebilder eigentlich in einem umfassenderen, übergeordneten Zusammenhang betrachtet werden müßten: ihrem gesamten Leben als Frau, in körperlicher, seelischer, geistiger und gesellschaftlicher Hinsicht.

Hier hat sich vieles verändert

Inzwischen hat sich viel getan. Das Bewußtsein für die seelisch-körperlichen (medizinisch: psychosomatischen) Zusammenhänge von Beschwerden ist wieder gewachsen. Ärzte und Ärztinnen schenken nicht mehr nur den medizinisch faßbaren Details Beachtung, sondern versuchen auch einen Blick fürs Ganze zu bekommen: für den ganzen Menschen, der leidet,

Viele beachten jetzt die Signale des Körpers

und die ganze Situation, in der das Leiden ausbricht. Und die Frauen selbst haben zunehmend gelernt, mehr auf ihren Körper und seine Signale zu achten. Sie kennen sich besser in den Funktionen ihres Körpers aus als ihre Mütter und Großmütter; sie sind besser aufgeklärt im Hinblick auf ihre Menstruation, auf Empfängnisverhütung und Schwangerschaft. Und viele von ihnen sind auch nicht mehr bereit, kritiklos Vorurteile und Tabus ihrer Vorfahren, die das Leben als Frau im allgemeinen und den weiblichen Monatsrhythmus im besonderen betreffen, zu übernehmen und an ihre Töchter weiterzugeben.

Obwohl die Frauenheilkunde eines der bedeutsamsten Spezialgebiete der Medizin ist, hat sie noch längst nicht alle Geheimnisse des weiblichen Körpers – und der untrennbar damit verbundenen weiblichen Psyche – entschlüsseln können. Und sowohl die Frauen selbst als auch die Aufgeschlossenen unter den Frauenärzten haben festgestellt, daß gynäkologische Erkenntnisse stets nur Stückwerk bleiben, wenn nicht auch die Beobachtungen darin mit aufgenommen werden, die Frauen selbst an sich machen.

Wissen über sich selbst

In den Jahren haben Frauen vielerorts begonnen, sich selbst genauer zu studieren, mehr über ihre körperlichen und seelischen Funktionszusammenhänge zu erforschen, sich Wissen über sich selbst anzueignen und ihre Erfahrungen mit dem medizinischen Wissensstand zu vergleichen. Ihre Gebärfähigkeit, die Tatsache der Menstruation und alle damit verbundenen

Gesetzmäßigkeiten, Rhythmen sowie mögliche Störfaktoren, die diese Fähigkeiten und Funktionen beeinträchtigen können, nehmen dabei naturgemäß einen breiten Raum ein. Denn praktisch jede Frau – wo auch immer auf der Welt sie zu Hause sei, aus welcher Rasse und welchem Kulturkreis sie auch stammen mag – muß sich in ihrem Leben mit ihrer Menstruation (oder deren Ausbleiben), mit ihren Schwangerschaften (oder deren Nichtzustandekommen), mit ihrem Monatszyklus und später auch mit dem Aufhören dieser weiblichen Funktionen beschäftigen.

Das geht jede Frau an

Wie ihr Körper sich entwickelt und funktioniert, wie ihr Monatszyklus zustandekommt, was ihn stören und beeinträchtigen kann, welchen Beschwerden sie auf welche Weise begegnen kann, das geht jede Frau etwas an. Bedeutsam ist es ganz besonders für diejenigen, bei denen nicht immer »alles glattgeht«, die gelegentlich oder auch über längere Zeiträume in ihrem Leben unter den körperlich-geistigseelischen Veränderungen leiden, die ihr Zyklus mit sich bringt. Für sie soll dieses Buch ein Helfer und Ratgeber sein.

Viele kennen diese Probleme

Manchmal kann es bereits Erleichterung bringen, wenn eine Frau erfährt: »Ich stehe mit meinen Beschwernissen nicht allein. Ich bin nicht die einzige, die an den kritischen Tagen vor der Menstruation am liebsten aus der Haut fahren würde – anderen geht es ganz genauso. Und ich muß auch nicht nur immer die Zähne zusammenbeißen und mich mit meinem Leiden abfinden, weil sie eben zur Weiblichkeit dazugehören. Es gibt vieles, was dagegen getan werden kann – ja sogar vieles, was ich selbst dagegen tun kann. Und ich bin auch nicht nur einmal im Monat ein paar Tage gräßlich überempfindlich und hysterisch – das, worunter ich leide, hat einen Namen. Es heißt prämenstruelles Syndrom. Ich kann darüber reden und Rat bekommen.«

Oft Selbsthilfe möglich

Was »prämenstruelles Syndrom« bedeutet

Der Begriff PMS

Prämenstruelles Syndrom – dieser Ausdruck kommt aus dem Lateinischen und bedeutet soviel wie: Zusammentreffen verschiedener, gleichzeitig auftretender Beschwerden, die stets vor der Menstruation zutage treten.

Das klingt sehr wissenschaftlich und sehr exakt. Tatsächlich jedoch ist der Ausdruck »prämenstruelles Syndrom« ziemlich vage und ungenau. Er beschreibt weder, woher das Beschwerdebild denn nun kommt, noch wie es aussieht (und schon gar nicht, wie es zu beseitigen wäre). Wie viele andere fachliche Ausdrücke auch, wurde dieser Begriff nur zur besseren Verständigung geprägt: Damit Ärzte und Ärztinnen sich untereinander besser darüber verständigen können, worüber sie eigentlich sprechen und forschen, und damit sie mit ihren Patientinnen leichter darüber reden können, was diesen zu schaffen macht. Im folgenden wird der Ausdruck »prämenstruelles Syndrom« meist abgekürzt zum – heute bereits recht geläufigen – PMS.

Probleme während der »Tage«: Kein PMS!

Wie der Name (als einziges) bereits sagt, handelt es sich beim PMS stets um Veränderungen, Erscheinungen und Beschwerdezeichen, die auftreten, bevor die nächste Regel einsetzt. Das bedeutet andersherum gesagt: Alles, was während der Menstruation auftritt, ist mit Sicherheit kein PMS. Regelschmerzen, Kreuzweh, Ziehen in den Brüsten, Mißgelauntheit, Müdigkeit – was immer eine Frau während ihrer Monatsblutung empfinden mag, gehört nicht zum prämenstruellen Syndrom. Wäre das anders, müßte der Ausdruck nämlich »perimenstruelles Syndrom«

lauten – aus dem Lateinischen peri = um etwas herum (wie beispielsweise »perinatale Medizin«: das umfaßt die Medizin unmittelbar vor, während und kurz nach der Geburt eines Kindes).

Wichtige Unterscheidung

Diese Unterscheidung ist sehr wichtig und keineswegs akademisch: Um herauszufinden, was sie gegen prämenstruelle Beschwerden tun kann, muß eine Frau (gegebenenfalls mit Hilfe ihres Frauenarztes) nämlich erst einmal sicher sein, daß die Beschwerden wirklich nur prämenstruell auftreten. Verteilen sie sich, wenn sie genau hinsieht, über ihren ganzen Monatszyklus, braucht sie aller Wahrscheinlichkeit nach andere Hilfestellungen, als sie für PMS angeboten werden. Im Kapitel »Ist es wirklich PMS?« ab Seite 87 wird auf diese Frage deshalb in allen Einzelheiten eingegangen.

Den eigenen Körper kennen

Um verstehen zu können, welchen körperlichen Funktionsabläufen sie im Laufe jedes Monats ausgesetzt ist und welche davon so gestört sein könnten, daß darin eine Ursache für ihr PMS zu sehen ist, sollte sich die betroffene Frau erst einmal ins Gedächtnis rufen, wie das monatliche Zyklusgeschehen in ihr abläuft und welche Rolle die weiblichen Hormone dabei spielen. Der folgende Abschnitt kann ihr dabei helfen. Und er ist auch lesenswert für junge Mädchen, die sich noch genauer über ihren Zyklus, über die Bedeutung ihrer Menstruation und des hormonellen Zusammenspiels in ihrem Körper informieren möchten.

Junge oder Mädchen?

Wenn Eizelle und Samenzelle zusammentreffen und dabei ein Kind gezeugt wird, entscheidet sich bereits in diesem Moment, ob das neue Leben dem weiblichen oder dem männlichen Geschlecht angehören wird: Von der Mutter bekommt es in seinem Erbgut immer ein X-Chromosom für jede Körperzelle mit, vom Vater entweder ebenfalls ein X-Chromosom (dann wird es ein Mädchen) oder ein Y-Chromosom (dann wird es ein Junge).

von der Mutter vom Vater 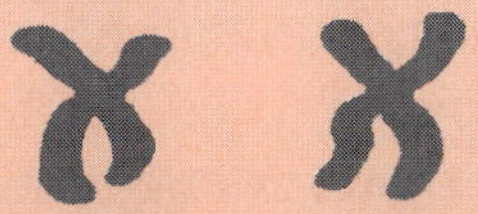	**Zwei X-Chromosome: Es wird ein Mädchen.**
von der Mutter vom Vater 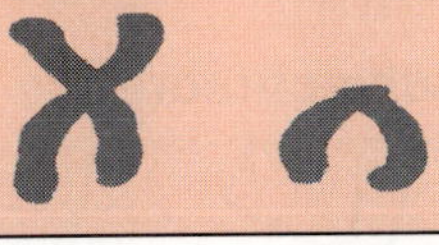	**Ein X- und ein Y-Chromosom. So wird es ein Junge.**

Die Erbanlagen von Vater und Mutter treffen bei der Befruchtung der Eizelle zusammen. Bei den Erb-Körperchen (Chromosomen) der Keimzellen von Mann und Frau ist auch jeweils ein Geschlechts-Chromosom. Die Frau steuert immer das X-Chromosom, der Mann entweder das X- oder das Y-Chromosom bei, die beide bei ihm vorhanden sind. Der Vater »bestimmt« also das Geschlecht des Kindes.

Erbanlagen steuern Hormonbildung

In den ersten sieben Lebenswochen im Mutterleib sind alle Kinder trotz dieser unterschiedlichen Anlagen noch gleich. Erst um die 7. Woche macht sich dann der Einfluß des Y-Chromosoms, falls vorhanden, bemerkbar. Männliche Hormone – sogenannte Androgene, im wesentlichen Testosteron – beginnen im Blut des Em-

bryos zu kreisen, dazu auch eine winzig kleine Menge weiblicher Hormone, die sogenannten Östrogene.
Wird es ein Mädchen, so bilden sich im Körperinneren eine Gebärmutter, Eierstöcke und Eileiter sowie die äußeren Geschlechtsmerkmale mit den Anlagen zu Brustdrüsen (die erst zu wachsen beginnen, wenn das Mädchen später in die Pubertät kommt). Wenn das Mädchen zur Welt kommt, trägt es in seinem Körper bereits in den Eierstöcken wieder sämtliche Eianlagen, die in seinem späteren Leben heranreifen und eventuell befruchtet werden können. Winzige Mengen Östrogene kreisen im Körper des kleinen Mädchens – und noch winzigere Mengen auch der männlichen Hormone.

Die Lage der weiblichen Geschlechtsorgane

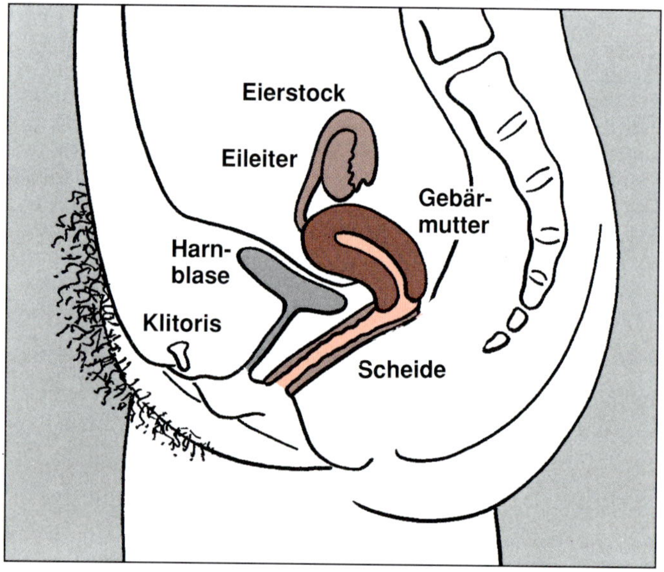

Kleine Drüse – große Wirkung

In ihrem Gehirn wartet eine kleine Drüse, die sogenannte Hirnanhangdrüse (medizinisch Hypophyse genannt, siehe Seite 26 ff.), sozusagen auf den »Startschuß«, endlich die Fortpflanzungsvorgänge in Gang bringen zu können.
Sobald das Mädchen etwa elf, zwölf Jahre alt geworden ist, beginnt die Drüse mit ihrer Arbeit, die sie die nächsten dreißig bis vierzig Jahre lang beschäftigen wird: Sie fängt an, ein Hormon zu produzieren, das auf dem Blutweg bis zu den Eierstöcken des Mädchens getragen wird.
Das Hormon trifft dort auf die rund 400.000 Eizellen, die das Mädchen seit seiner Entwicklung im Mutterleib in sich trägt. Jede einzelne Eizelle ist von einem schützenden Bläschen, dem sogenannten Follikel, umgeben. Das ankommende Hormon – es wird pulsierend von der Hirnanhangdrüse ausgeschüttet – stupst sozusagen die Follikel an und veranlaßt ein paar von ihnen zum Wachstum: Ungefähr zwanzig aus der riesigen Follikel-Menge beginnen größer zu werden und zu reifen.

Östrogen: Wichtiges Hormon der Frau

Währenddessen produzieren sie das Hormon, das als das besonders »weibliche« Hormon bekannt ist: Östrogen. Genaugenommen ist das nicht ein einzelnes Hormon, sondern eine Gruppe von circa 30 ähnlichen, aber nicht identischen Substanzen, die alle sehr fein ineinandergreifende Aufgaben im weiblichen Organismus zu erfüllen haben. Der Einfachheit halber werden sie hier bei ihrem Oberbegriff »Östrogene« genannt.

Der weibliche Monatszyklus

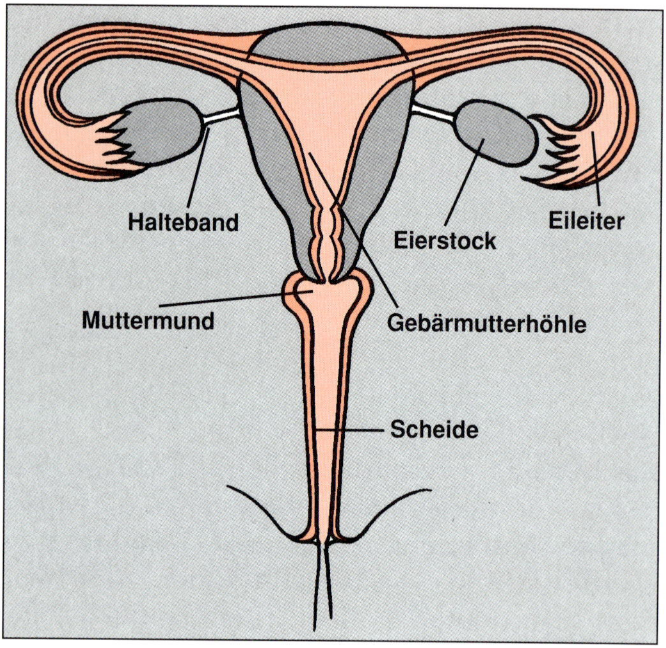

Wettlauf zum Eisprung

Von den rund 20 angeregten Follikeln hält meistens nur ein einziger, manchmal auch zwei oder drei, den »Wettlauf« bis zum Eisprung in den Eileiter (und der anschließenden Wanderung in die Gebärmutter) durch. Die meisten Follikel geben unterwegs auf und stellen auch ihre Östrogenproduktion wieder ein.

Im Laufe eines Frauenlebens reifen ungefähr drei- bis vierhundert Eier ganz heran; mindestens 20mal soviel gehen im Eierstock vorzeitig zugrunde. Aber da die Natur in weiser Voraussicht einen riesigen Überschuß mit einkalkuliert hat, kann es nicht passieren, daß eine Frau in der Geschlechtsreife irgendwann keine Eier mehr hat, die befruchtet werden könnten (es sei denn, ihre Eierstöcke werden von einer Erkrankung betroffen oder müssen wegen ständiger Entzündungen oder eines Tumors ganz entfernt werden).

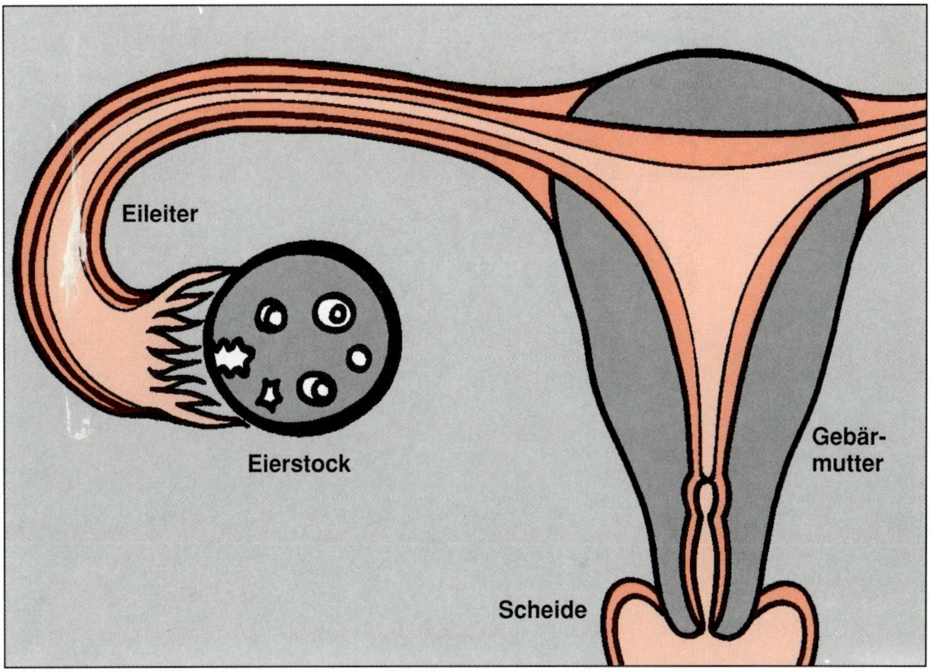

Kurz vor dem Bläschensprung im Eierstock

Das Hormon FSH

Während der gesamten Reifungsphase der Ei-Bläschen samt der darin befindlichen Eizelle (diese Phase dauert ungefähr zehn bis fünfzehn Tage) schüttet die Hirnanhangdrüse fortwährend das Hormon aus, das die Follikelreifung anregt. Es wird aus diesem Grund Follikelstimulierendes Hormon – abgekürzt FSH – genannt.

Der weibliche Monatszyklus

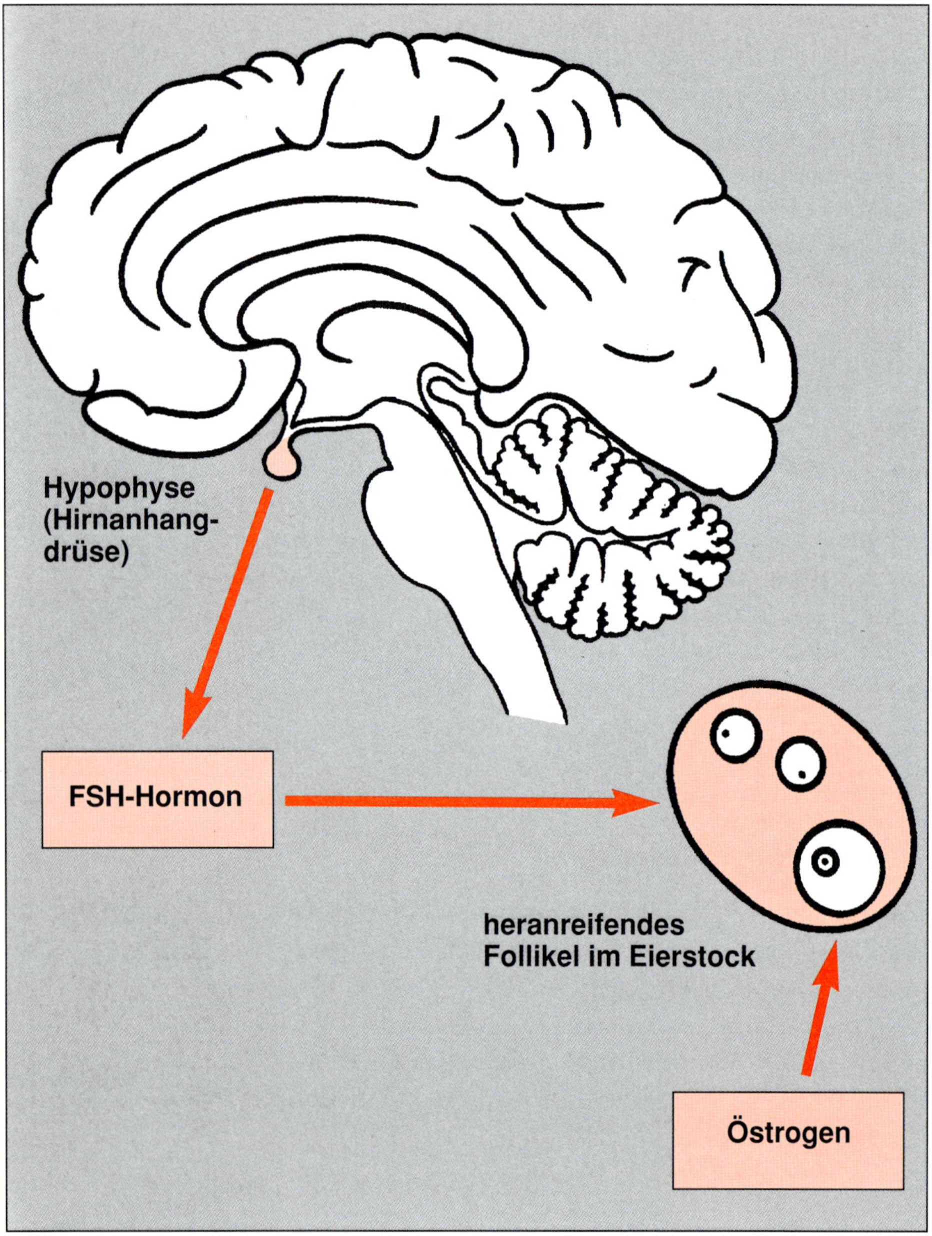

Körpertemperatur steigt

Wenn Follikel und Eizelle fast ganz ausgereift sind, steigt die FSH-Menge im Blut der Frau plötzlich stark an, und ihre Körpertemperatur geht um circa ein halbes Grad Celsius nach oben: Das gibt den letzten Anstoß für den Eisprung, die Ovulation. Der nun etwa blaubeergroße Follikel platzt auf; die Eizelle verläßt ihre schützende Hülle und springt buchstäblich hinüber in den Eileiter, dessen ausgefranstes Trichterende sich über den Eierstock gestülpt hat und so das Ei sicher auffängt.

Das Hormon LH

Diesen so winzigen, aber für die Gebärfähigkeit der Frau dramatischen Sprung könnte das Ei nicht schaffen, wenn nicht noch ein zweites Hormon seine Hand im Spiel hätte: das sogenannte luteinisierende Hormon (e-i getrennt gesprochen; wörtlich: »leuchtend gelb färbendes Hormon«, vom Lateinischen luteus = gelb). Dieses Hormon, abgekürzt LH, wurde schon ganz zu Beginn des Zyklus in der Hirnanhangdrüse gebildet und dort so lange aufbewahrt, bis der Zeitpunkt für sein Eingreifen gekommen war. Etwa 24 Stunden vor dem Eisprung »merkt« die Hirnanhangdrüse, daß Follikel und Eizellen beinahe reif sind (die Östrogene, die der Follikel ausschüttet, zeigen ihr den Zeitpunkt an). Jetzt beginnt sie, das gespeicherte LH in hoher Menge auszuschütten.

Der Eisprung

Das Follikelstimulierende Hormon – das FSH – und das Luteinisierende Hormon – das LH – tun gemeinsam ihre Wirkung: Der Follikel platzt; das Ei springt (das ist die sogenannte Ovulation).

Der weibliche Monatszyklus

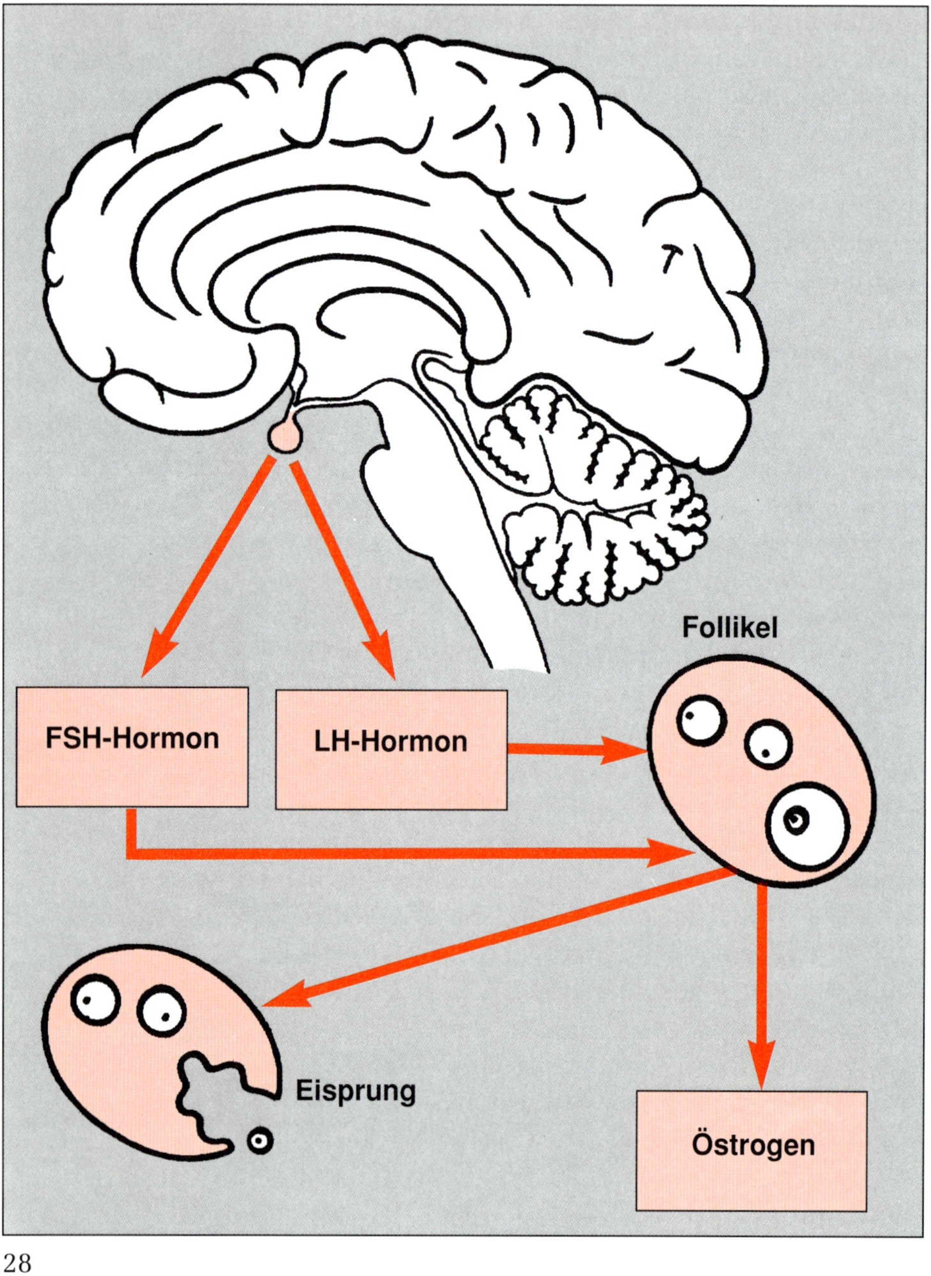

Neue Aufgaben

Damit hat aber der Follikel seine Schuldigkeit noch längst nicht getan. Er geht nicht etwa als »Abfallprodukt« im Körper der Frau unter, sondern verändert innerhalb weniger Stunden sein Aussehen: Er wird zu einem drüsenähnlichen Gebilde, vom LH leuchtend gelb eingefärbt (daher der Name des Hormons).

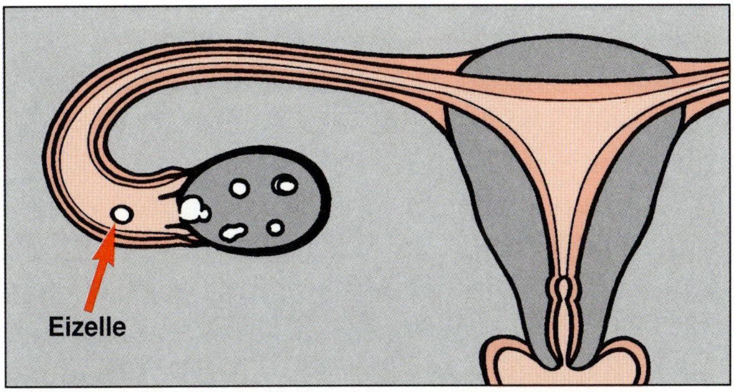

Nach dem Bläschensprung: Die Eizelle wandert in dem Eileiter in Richtung Gebärmutter.

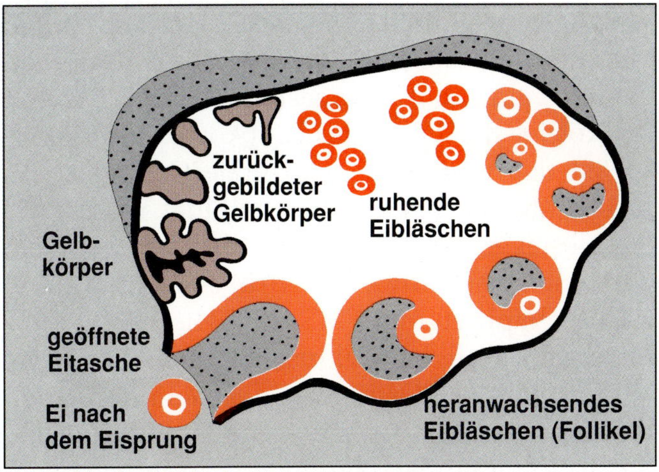

Vereinfachter Querschnitt des Eierstocks mit verschiedenen Entwicklungsstadien des Follikels.

Das Hormon Progesteron

Dieses Gebilde, das fortan Gelbkörper (medizinisch: corpus luteum) heißt, fängt nun seinerseits an, ein weiteres wichtiges Hormon zu bilden: das Gelbkörperhormon mit dem Namen Progesteron. Progesteron kann auch Schwangerschaftshormon genannt werden, denn sein wichtigster Zweck ist es, die Gebärmutter auf die Einnistung einer eventuell befruchteten Eizelle vorzubereiten und anschließend das keimende Leben zu schützen. Der Name Progesteron leitet sich daher auch vom Lateinischen pro gestatio = »für die Schwangerschaft« ab.

Wirkstoffe der »Pille«

Allen Frauen, die schon einmal mit der »Pille« Empfängnisverhütung betrieben haben, dürfte der Begriff »Gestagene« geläufig sein: Neben den Östrogenen, die in fast allen Pillen-Präparaten (mit Ausnahme der Mini-Pille) vorhanden sind, enthalten Antibabypillen stets auch kleine Mengen von Gestagenen, der zweiten Gruppe wichtiger weiblicher Hormone. In den Pillen enthaltene Gestagene werden künstlich – im chemischen Labor – hergestellt. Das Progesteron im Körper der Frau, das Gelbkörperhormon also, ist das wichtigste natürliche Gestagen, das im weiblichen Organismus gebildet wird. (Wie die Gestagene der Pille mitverhindern können, daß eine Frau schwanger wird, steht im Kapitel »Antibabypillen und PMS« ab Seite 193.)

Im ersten Teil des Zyklus, vor dem Eisprung, hatten sich die Östrogene des heranreifenden Follikels darum bemüht, aus dem Hohlmuskel Gebärmutter ein weiches »Nest« für einen eventuell entstehenden Keimling zu machen.

Der weibliche Monatszyklus

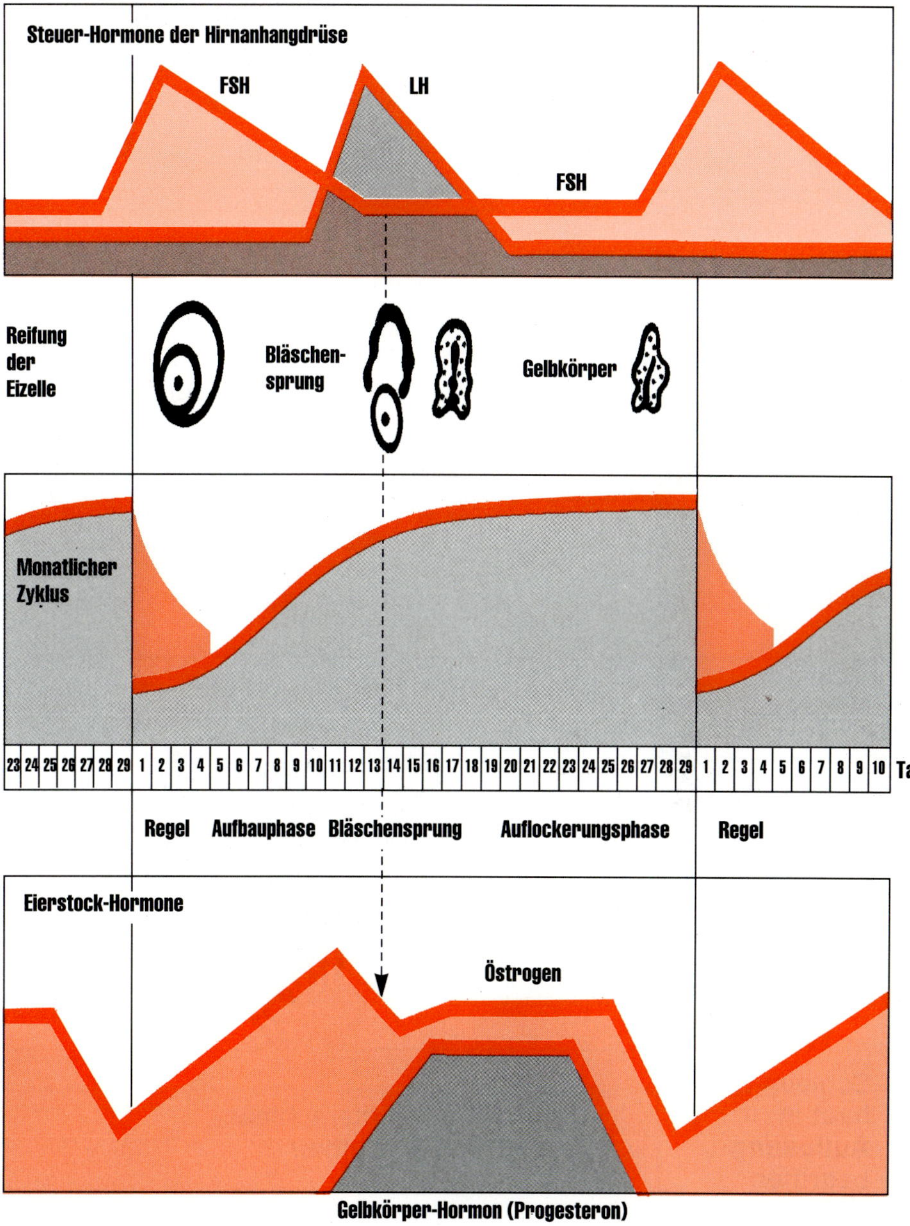

Der weibliche Monatszyklus

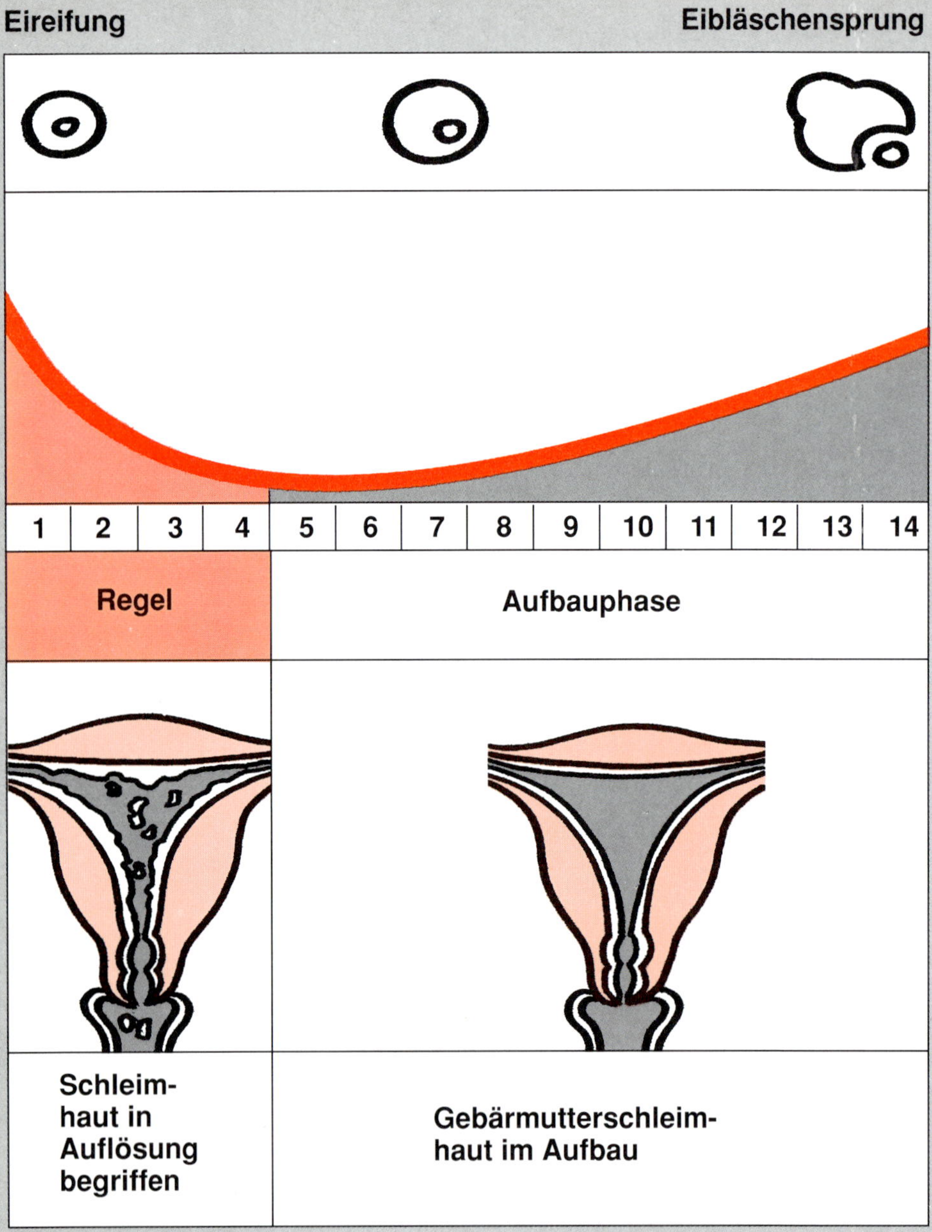

Gelbkörper verkümmert

Keine Befruchtung:
Eizelle stirbt ab

15	16	17	18	19	20	21	22	23	24	25	26	27	28

Auflockerungsphase

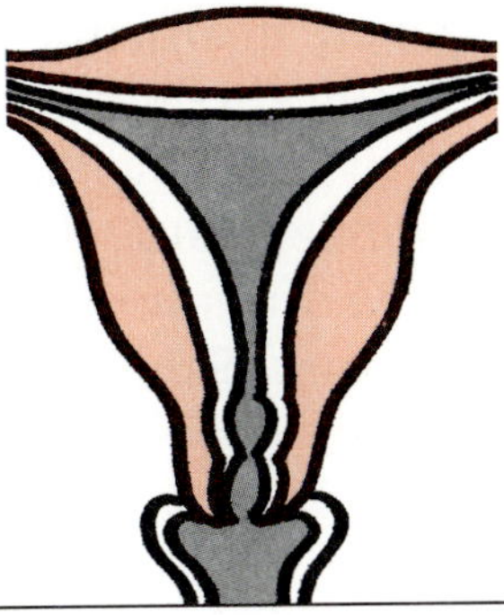

Gebärmutterschleimhaut ist
aufgebaut

Der weibliche Monatszyklus

Unter dem Einfluß der Östrogene verdickte sich die Schleimhaut, die die Gebärmutter im Innern auskleidet, und reicherte sich mit Nährstoffen aus dem Blut an – genug, um damit werdendes Leben von Anfang an richtig zu ernähren.

Der Eitransport

Die winzigen Härchen im Innern des Eileiters, der das Ei nach seinem Sprung in den Trichter aufnehmen und mit Wellenbewegungen zur Gebärmutter befördern sollte, wurden von den Östrogenen zum Wachsen angeregt und kräftigen sich für ihre Transport-Aufgabe.

Der zähe, dicke Schleimpfropf, der während der meisten Zyklustage das untere Ende der Gebärmutter – den Gebärmutter-Hals – ziemlich dicht abschließt und es Samenzellen schwer bis unmöglich macht, in die Gebärmutter hineinzugelangen, war unter Östrogen-Einwirkung immer flüssiger und durchsichtig klar geworden: So sollte sichergestellt werden, daß männliche Samenzellen überhaupt eine Chance hatten, bis zur Eizelle vorzudringen und sie zu befruchten, sobald das Ei seine Wanderung durch den Eileiter begonnen hatte. (Frauen, die sich der »natürlichen Verhütung« mittels Temperatur-Meßmethode und Schleimbeschaffenheit bedienen, nutzen all diese körperlichen Veränderungen, um ihre fruchtbaren und unfruchtbaren Tage zu bestimmen.)

Der Weg wird frei für den Samen

Das Hormon Progesteron

All diese Vorkehrungen, die die Östrogene vor dem Eisprung getroffen hatten, greift das Progesteron nun nach dem Eisprung auf. Es veranlaßt die Gebärmutterschleimhaut, mit dem Aufbau aufzuhören (denn sie ist inzwischen dick genug für die Aufnahme einer eventuell befruchteten Eizelle). Es sorgt dafür, daß die Blutgefäße in der Gebärmutter und ihrer Schleimhaut sich erweitern und vermehrt Blut ins »Nest« strömt. Es verhindert Zusammenziehungen (Kontraktionen) des Hohlmuskels, die dazu führen könnten, daß das Ei sich nicht einnisten kann bzw. vorzeitig wieder ausgestoßen wird. Progesteron ist auch schuld daran, daß sich der Schleim im Gebärmutterhals (medizinisch Zervix, deshalb auch Zervix-Schleim) wieder verdickt, eine milchige Farbe annimmt und für Samen undurchdringlicher wird. Und weil das Progesteron so tatkräftig ans Werk geht, ist es auch dafür verantwortlich, daß die Körpertemperatur der Frau nach dem Eisprung um etwa 0,2 bis 0,5 Grad Celsius ansteigt und mehrere Tage (maximal etwa zwei Wochen) auf dieser Höhe bleibt.

Anstieg der Körpertemperatur

Nach dem Eisprung wird die Eizelle durch den Eileiter Richtung Gebärmutter transportiert. Sind Samenzellen ausgewandert, so treffen sie im Eileiter mit der Eizelle zusammen und befruchten sie. Hatte die Frau unmittelbar vor dem Eisprung Geschlechtsverkehr (im Empfängnisoptimum), ohne ein sicheres Verhütungsmittel zu benutzen, so ist die Chance – oder das Risiko, je nach Standpunkt – sehr groß, daß dabei neues Leben gezeugt wurde. Später eintreffende Samenzellen können nichts mehr ausrichten, weil das Ei nur in dieser kurzen Zeitspanne befruchtbar ist. Kommen die Samenzellen also nicht rechtzeitig oder hat die Frau zur Zeit des

Eisprungs keinen Geschlechtsverkehr, zerfällt das unbefruchtete Ei.

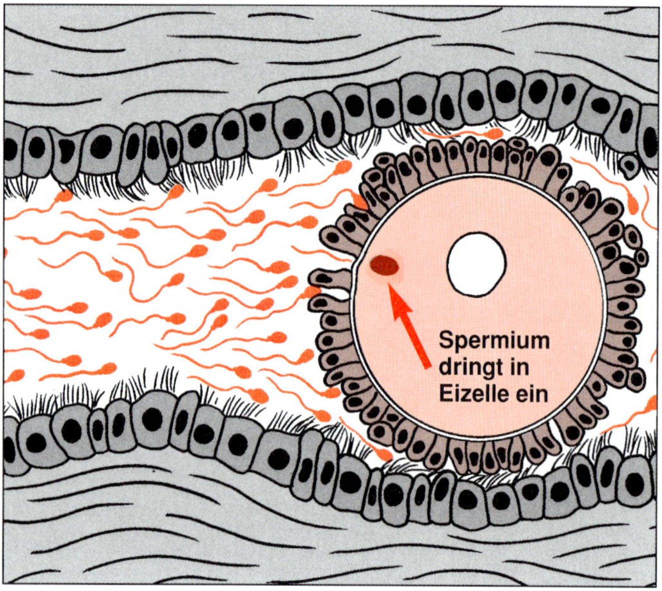

Schutz des werdenden Lebens

Beginnt jedoch neues Leben zu keimen, hat das Progesteron weiterhin »alle Hände voll zu tun«: Es muß ja den Keimling vor ungünstigen äußeren Einflüssen schützen, die seine Einnistung in die Gebärmutter und später sein Wachstum verhindern könnten.

Das Gelbkörper muß also weiterhin sein Hormon ausschütten, und die Körpertemperatur der Frau bleibt über den 12. bis 16. Tag nach dem Eisprung hinaus und auch weiterhin erhöht – ein fast hundertprozentig sicheres Zeichen, daß eine Schwangerschaft eingetreten ist.

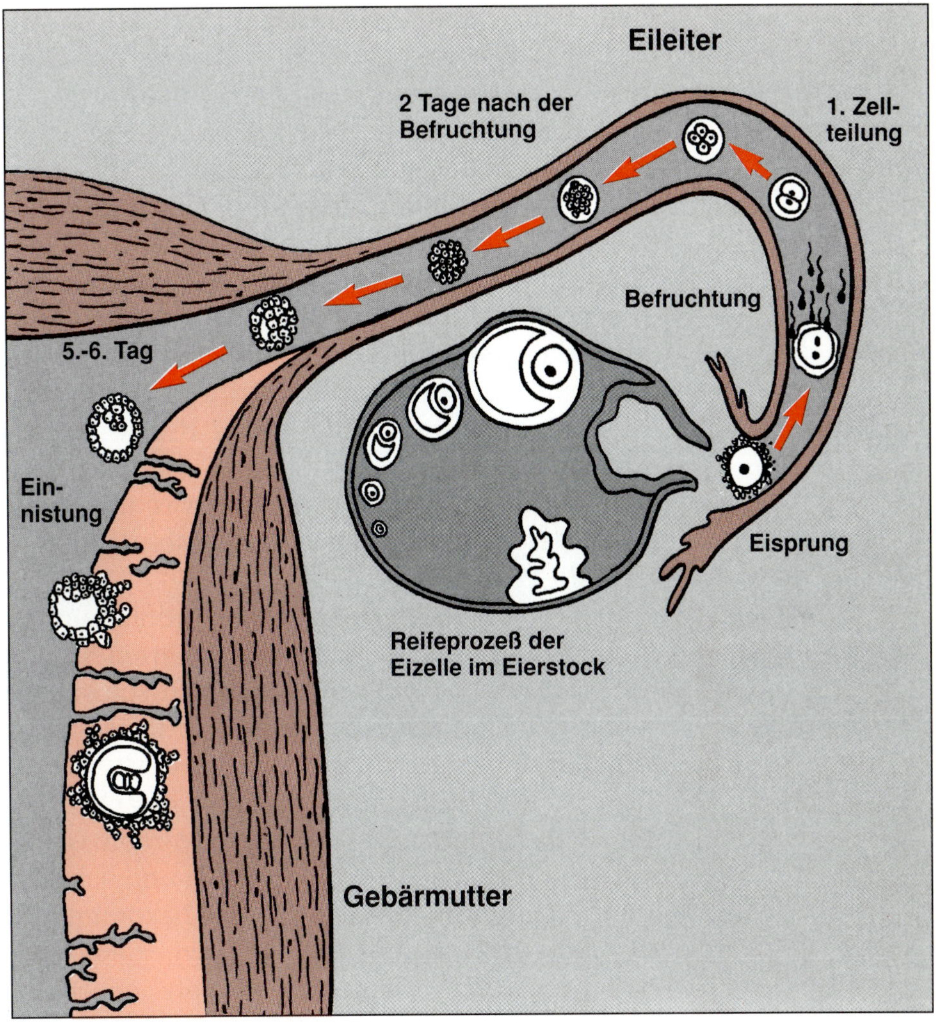

Weiteres Hormon: Prolaktin

Doch das Gelbkörperhormon allein reicht nicht aus, den Organismus der Frau auf alle notwendigen Veränderungen vorzubereiten, die eine eventuelle Schwangerschaft mit sich brächte. Die Hirnanhangdrüse, nach dem Eisprung ja weder mit FSH- noch mit LH-Produktion sonderlich ausgelastet, schickt in diesem Zeitraum des Zyklus noch ein weiteres Hormon verstärkt in den Blutkreislauf: das sogenannte Prolaktin. Der Name leitet sich ab vom Lateinischen pro lactatio = für die Milchbildung. Und genau das bewirkt Prolaktin vor allen Dingen: Es regt die Milchdrüsen in den Brüsten der Frau an, Muttermilch zu bilden, läßt sie anschwellen und verstärkt ihre Anreicherung mit Blut und Gewebeflüssigkeit. Frauen, die vor ihrer Menstruation oft über schmerzende, pralle Brüste klagen, dürften hier bereits aufhorchen – und tatsächlich hat dieses Hormon auch etwas mit ihren Beschwerden zu tun (siehe dazu auch Hinweise ab Seite 173).

Das geschieht gegen Ende des Zyklus

Frauen, die weder die Antibabypille nehmen (auf das hormonelle Geschehen in ihrem Körper wird ab Seite 41 eingegangen) noch schwanger geworden sind, erleben die letzte Phase ihres Monatszyklus folgendermaßen: Etwa 12 bis 16 Tage nach dem Eisprung »merkt« der Gelbkörper, daß das Ei nicht befruchtet worden ist. Er stellt daraufhin seine Funktion ein und schüttet kein Progesteron mehr aus. Das bekommt die Hirnanhangdrüse mit: Das Blut, von dem auch sie durchströmt wird, enthält plötzlich erheblich weniger Progesteron. Sie drosselt nun ihrerseits die Prolaktin-Produktion (denn ohne Schwangerschaft braucht die Frau auch keine Stillvorbereitung in den Brustdrüsen). Die Eierstöcke bilden ebenfalls erheblich weniger Östrogene. Das alles bleibt nicht ohne Einfluß auf die

Gebärmutterschleimhaut: Sie reagiert sehr empfindlich auf diesen recht abrupten Hormonentzug. Ihre Blutgefäße verengen sich. Prostaglandine – das ist eine weitere Gruppe von Hormonen, die unter anderem bewirken, daß sich die Muskulatur der Gebärmutter rhythmisch zusammenzieht – sorgen dafür, daß die nun nicht mehr benötigte Gebärmutterschleimhaut sich von den Innenwänden der Gebärmutter ablöst und zusammen mit etwas Blut durch den Zervixkanal und die Scheide nach draußen weggeschwemmt wird. Das ist die Menstruation.

Die »Tage« beginnen

Höchstens ein Zehntel-Liter Flüssigkeit wird dabei ausgeschieden – oftmals erst tröpfchenweise, dann in einem stärkeren »Schwall« und schließlich versiegend. Etwa die Hälfte dieser Ausscheidung besteht aus Geweberesten und Schleim, die andere Hälfte aus Blut. Nur wenn die Gebärmutterschleimhaut einmal besonders dick aufgebaut wurde oder wenn die Frau schwanger war, aber der Keimling aus irgendeinem Grund vorzeitig abgeht (frühe Fehlgeburt), kann die Menstruations-Ausscheidung auch einmal stärker sein. Diese Zahlen verblüffen die meisten Frauen, die tagelang recht heftig bluten und der Ansicht sind, »literweise« Blut dabei zu verlieren.

Hormone steuern den Zyklus

Vielfältige Hormonwirkungen

Wer nicht ständig mit Hormonforschung oder frauenärztlicher Tätigkeit beschäftigt ist, kann bei all den verschiedenen Hormonen, die den weiblichen Zyklus fein abgestimmt regulieren, rasch den Überblick verlieren. Für das Verständnis möglicher Ursachen des prämenstruellen Syndroms und die körperlich-seelischen Zusammenhänge (siehe hierzu das nächste Kapitel ab Seite 59) ist es jedoch sehr wichtig, die Hormone und ihre Entstehungsorte immer wieder im Auge zu behalten und zu rekapitulieren. Deshalb hier noch einmal eine kurze Zusammenfassung:

»Start« durch FSH

- Zu Beginn des Zyklus bildet die Hirnanhangdrüse (Hypophyse) das Follikel-stimulierende Hormon, kurz FSH. Es wird ins Blut ausgeschüttet und zu den Eierstöcken geschickt. Dort regt es in der ersten Zyklusphase die Follikel und die darin befindlichen Eizellen zum Heranreifen an (siehe Seite 26).

Das Hormon Östrogen

- Während ihrer Reifungsphase produzieren die Follikel eine wichtige Gruppe weiblicher Hormone, die Östrogene. Sie bereiten die Gebärmutter-Schleimhaut darauf vor, ein eventuell befruchtetes Ei aufzunehmen.

Steuerhormon LH

- Ebenfalls zu Beginn des Zyklus produziert die Hirnanhangdrüse noch ein weiteres Hormon, das Luteinisierende Hormon, kurz LH. Es wird bis kurz vor dem Eisprung gespeichert und dann rasch freigesetzt (siehe Seite 28). Unter seinem Einfluß platzt der Follikel und bildet sich zum leuchtendgelb gefärbten Gelbkörper um.

Gelbkörper-Hormon

- Kurz nach dem Eisprung fängt der Gelbkörper an, das Gelbkörperhormon (Progesteron) zu produzieren. Es stellt den Organismus der Frau auf die eventuell eingetretene Schwangerschaft ein. Wurde ihre Eizelle rechtzeitig vom Samen erreicht und befruchtet, schüttet der Gelbkörper weiterhin sein schwangerschaftsschützendes Hormon aus. Ist die Frau nicht schwanger geworden, stellt er nach 12 bis 16 Tagen seine Funktion ein.

Steuerhormon Prolaktin

- Gleichzeitig mit dem Eisprung beginnt die Hirnanhangdrüse, Prolaktin zu produzieren, das die Milchdrüsen der Frau anregt.

Abbau der Schleimhaut

- Die Menstruation setzt ein, wenn das kreisende Blut nur noch sehr wenig Prolaktin, Progesteron und Östrogene enthält. Dann zerfällt die Gebärmutterschleimhaut und wird ausgestoßen. Dabei wirken Prostaglandine mit.

Sechs Hormone (bzw. Hormongruppen) bestimmen also im wesentlichen den Monatszyklus der Frau; sechs Hormone haben den wesentlichsten Einfluß auf ihre biologische Funktion und Sexualität – eine Zahl, die leicht zu merken ist. Wie jede Frau und auch jedes junge, noch heranwachsende Mädchen bereits an sich selbst gespürt hat, können ihre Sexualität und ihre körperlichen Vorgänge während des Menstruationszyklus jedoch nicht abgelöst von ihrer Seele, von ihrem geistigen Erleben und von ihrer Lebenssituation betrachtet werden. Auch wenn das Zusammenspiel ihrer Hormone in jedem gesunden Mädchen schon vom Mutterleib an sozusagen vorprogrammiert ist – Mädchen und Frauen sind keine seelenlosen Computer. Hormone werden nicht etwa mit sturer Regelmäßigkeit ausgeschüttet, egal, wie das Mädchen oder die Frau sich gerade fühlen, in welcher (Streß-) Situation sie sein mögen, in welchem Alter und welcher Lebensphase sie sich gerade befinden. Die Seele hat bei alledem ein wichtiges Wörtchen mitzureden. Und auch das Denken, das Bewußtsein, die Vorstellungskraft, das Unbewußte bestimmen über die körperlichen Funktionen mit. Wer dem prämenstruellen Syndrom und seinen möglichen Auslösern und tieferen Ursachen auf die Spur kommen will, muß all das ebenso mitberücksichtigen wie die »rein körperlichen« Zeichen, die meßbar sind. Sonst ergeht es ihm wie einst den chinesischen Uhrmachern, die in Andersens Märchen mit all ihrer Geschicklichkeit und Präzision dem Kaiser von China doch bloß einen künstlichen Vogel schenken konnten – keine lebendige Nachtigall.

Einfluß der Psyche

Die seelische Verfassung beeinflußt die Hormone – und umgekehrt

Unser Körper reagiert als Ganzes

Im ganzen Organismus des Menschen gibt es nicht einen einzigen körperlichen Vorgang, keine einzige Funktionsstörung oder Erkrankung, die nicht alle anderen körperlichen Vorgänge mitbeeinflußt – und mag sich das noch so unmerklich abspielen. Ein paar Beispiele hierzu: Eine Mittelohrentzündung betrifft nicht nur das Mittelohr, sondern die ganze Person. Abwehrzellen des Immunsystems eilen aus dem ganzen Körper an die Entzündungsstelle; die infektbedingte Müdigkeit macht alle Glieder schwer; der Schmerz scheint nicht nur im Kopf zu sitzen, sondern teilt sich dem gesamten Menschen mit. Fieber erfaßt den ganzen Organismus, und wenn es ganz kritisch wird, ohne daß die rettende Behandlung eingeleitet werden kann, verliert der Mensch nicht nur sein Gehörvermögen auf dem erkrankten Ohr, sondern unter Umständen sogar sein Leben.

Ein weitaus harmloserer Zahnschmerz kann dem ganzen Menschen den Tag vergällen; verdorbenes Essen kann Migräne, Erbrechen, Durchfall, Schüttelfrost, Kreislaufzusammenbruch und heftige Magenschmerzen gleichzeitig auslösen. Und auch ein durchaus nicht krankhaftes, sondern freudig erwartetes Ereignis trotzt nicht nur den inneren weiblichen Organen, sondern dem gesamten Organismus der Frau seine Kräfte ab: die Aufgabe, ein Kind gesund zur Welt zu bringen. Im großen wie im kleinen hängen also alle körperlichen und seelischen Vorgänge zusammen und beeinflussen einander. Auf die Hormone der Frau bezogen, heißt das: Ist das komplizierte Mit- und Nebeneinander der verschiedenen Hormone an irgendeinem Punkt gestört, gerät die gesamte Funktionskette aus dem Gleichgewicht. Unter anderem ist es aus diesem Grund gar nicht so leicht herauszufinden, was nun eigentlich Ursache und was Wirkung ist: welches Hormon in dem Steuerkreis zuerst gestört wurde, und welche Hormone »nur« als zweite und dritte von der Störung betroffen wurden.

Zusammenhang: Körper – Seele

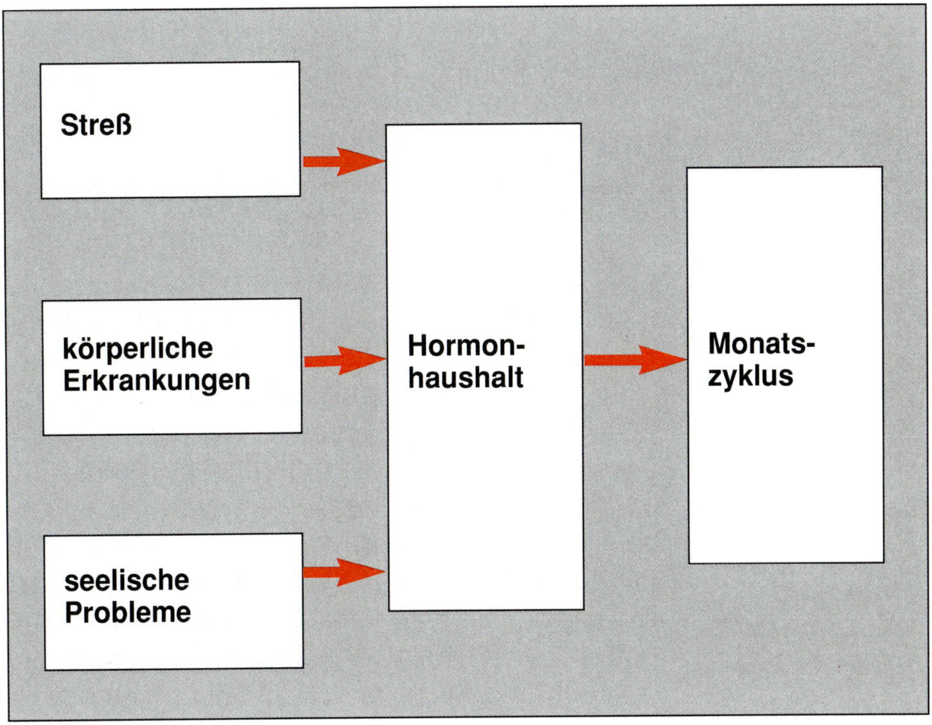

Feinste Meß-methoden

Mit feinen Meßmethoden, bei denen die Hormon-Konzentration über ihren Monatszyklus hinweg mehrmals bestimmt werden (medizinisch heißt das: mit Hilfe zytologischer Untersuchungen von Scheidenabstrichen oder biochemischen Bestimmungen des Hormonstatus), können Frauenärzte bzw. ihre im Labor tätigen Kolleginnen und Kollegen heute oft schon ziemlich genau sagen, an welchem Punkt des Steuerkreises die Störung höchstwahrscheinlich begann und wie sie sich fortsetzte. Rein symptomatisch – das heißt also, auf die Krankheitssymptome bezogen – behandelnde Frauenärzte können mit etwas Glück und entsprechenden hormonell regulierenden Medikamenten dann tatsächlich erreichen, daß die Hormonstörung behoben und die Patientin von ihren prämenstruellen oder anderen Zyklusbeschwerden befreit wird.

Doch eine solche symptomatische Behandlung klappt leider nicht immer – und hält vor allem nicht immer längere Zeit vor. Denn die zugrundeliegende Ursache der Störung wurde dabei ja nicht mitberücksichtigt; es wurde nicht kausal, also auf die Ursache zielend, behandelt.

PMS: vielfältige Ursachen

Das ist der wichtigste Grund, weshalb so viele Frauen immer wieder und immer wieder mit anderen, prämenstruellen Beschwerden zum Arzt kommen, ohne ihr PMS wirklich ein für allemal loszuwerden. Und das ist auch der Grund, weshalb PMS-Beschwerden selten immerzu mit ein und derselben Stärke auftreten, weshalb sie sogar manchmal für längere oder kürzere Zeiträume ganz verschwinden: Die Ursachen für diese Störungen liegen häufig außerhalb des hormonellen Regelkreises.

Körperliche Erkrankungen, die zunächst einmal nichts mit den Hormonen zu tun haben, sich aber auf ihr Zusammenspiel auswirken, können PMS bewirken. (Im Kapitel »Mögliche Ursachen« ab Seite 104 wird darauf näher eingegangen.) Aber auch seelische Befindlichkeitsstörungen wirken sich auf die Hormone aus. Ein besonders eklatantes Beispiel dafür ist die Magersucht, eine schwere seelische Erkrankung, die vor allem junge Mädchen heimsuchen kann: In ihrem verzweifelten Bemühen, durch zwanghaftes Abmagern und Essensverweigerung wenigstens eine einzige spürbare Kontrolle über ihren Körper zu gewinnen – er nimmt ja meßbar ab, wenn das Mädchen nichts ißt –, schafft es die Heranwachsende oft innerhalb weniger Monate, ihr Gewicht auf weniger als 45 Kilogramm herunterzuhungern. Das registriert die Hirnanhangdrüse, die den Monatszyklus des Mädchens in Gang setzt und hält. Von der Gewichtsabnahme getäuscht, hört sie mit der Hormonproduktion auf (falls das Mädchen menstruiert; oder sie beginnt gar nicht erst damit). Die Magersüchtige hat fortan keinen Monatszyklus, keine Menstruation mehr (was ihr sehr recht ist: Sie hat damit die Macht, der Natur zu trotzen und keine erwachsene Frau zu werden).

Beispiel Magersucht

Das Mädchen will keine Frau werden

Doch nicht nur echte Gemütsleiden greifen in den Hormonhaushalt ein. Auch von außen aufgezwungener Streß, der zum Einsatz der ganzen

Streß-Probleme

Widerstandskraft herausfordert, bringt den Monatszyklus zum Erliegen. Frauen in Konzentrationslagern zum Beispiel menstruierten oft schon dann nicht mehr, wenn sie noch gar nicht unter das kritische Körpergewicht abgemagert waren: Ihre Todesangst und gleichzeitig ihr unbewußter Überlebenswille bewirkten, daß ihre Gebärfähigkeit als im Moment nicht überlebensnotwendige Funktion eingestellt wurde und sich all ihre verbleibenden Kräfte aufs pure Überleben konzentrieren konnten. Ähnliches ist von nomadisierenden Völkern bekannt: Wenn der Stamm zu größeren, entbehrungsreichen Wanderungen aufbrach, hörten zum Beispiel nordamerikanische Indianerfrauen oftmals auf zu menstruieren. Damit sorgte die Natur gleichzeitig für eine sichere Empfängnisverhütung während dieser Zeit großer Anstrengungen und Streß. Wir sprechen heute von einer »Situations-Amenorrhöe« als Hinweis darauf, daß uns etwas von dieser Anfälligkeit für Streß erhalten geblieben ist (so etwa die Arbeitsdienst-Amenorrhöe, Reise-Amenorrhöe, Gefängnis-Amenorrhöe). Männer, die Streßsituationen zu wenig ausweichen und sie nicht richtig verarbeiten können, bekommen Herzinfarkte, Magengeschwüre oder werden zeitweise impotent. Frauen reagieren auf übergroße Streßreize häufig mit Zyklusbeschwerden. Das ist kein Wunder, denn kaum ein anderes Organgsystem wirkt sich so umfassend auf das Leben einer Frau aus und bestimmt es in so bedeutsamem Maße mit wie ihre Fortpflanzungsorgane.

Beispiel: Indianer-Frauen

Jede Frau

Ob Schülerin oder Studentin, Sportlerin oder Stubenhockerin, ob Hausfrau, Mutter, Nichtmutter, Geldverdienende, Selbständige, Angestellte, ob Playboy-Modell oder Nonne, ob verheiratet, ledig, geschieden, getrennt lebend, mit Partnerschaft lebend oder nicht – mindestens 30, manchmal sogar 40 Jahre lang ist der Hormonhaushalt und damit der Menstruationszyklus einer Frau dem Auf und Ab von Reizen ausgesetzt, der Ebbe und Flut ihrer Gefühle, ihrem sich wandelnden oder verändernden Bewußtsein von der Welt und sich selbst. Und so verwundert es nicht, daß kaum eine Frau niemals in ihrem Leben eine Zyklusstörung oder Zeichen des prämenstruellen Syndroms verspürt. Oder andersherum ausgedrückt: Einen »normalen«, stets regelmäßigen, immer gleich und vorhersehbar funktionierenden Zyklus ohne jegliche Befindlichkeitsstörung gibt es praktisch nicht. Irgendwann erlebt jede Frau, daß ihr Leben ihren Zyklus beeinflußt.

Diese Erkenntnis, so simpel sie sich anhören mag, ist noch gar nicht so alt. Bis in die Zwanziger Jahre hinein glaubten Mediziner noch, der Eisprung finde während der Menstruation statt. Erst die Ärzte Knaus und Ogino – nach denen später eine natürliche Methode der Empfängnisverhütung benannt wurde – fanden Ende der Zwanziger Jahre heraus, daß Frauen etwa in der Mitte zwischen der einen und der darauffolgenden Blutung den Eisprung haben. Auch diese beiden Forscher machten jedoch einen Fehler (der schwerwiegende Folgen für die Frauen hat-

Hier irrten die Forscher

te): In ihrem Bemühen um wissenschaftlich nachprüfbares, exaktes Zahlenmaterial stellten sie die Behauptung auf, jede der beiden Zyklusphasen – die vor und die nach dem Eisprung – dauere exakt 14 Tage. Das bedeutete: Eine »normale« Frau hatte 14 Tage nach ihrem ersten Menstruationstag den Eisprung (ganz gleich, wie lang ihre Menstruation etwa anhielt, und danach dauerte es wiederum genau 14 Tage, bis die nächste Menstruation einsetzen mußte. Frauen, deren Zyklus in irgendeinem dieser festgelegten Grenzdaten von der angenommenen »Norm« abwich, glaubten, sie hätten eine Zyklusstörung. Und je größer die »Abweichung von der Norm«, desto eher mußte die Frau deswegen medizinisch behandelt werden, um wieder »normal zu funktionieren«.

Das Märchen vom 28-Tage-Zyklus

Auch wenn sich später herausstellte, daß diese Behauptung von Knaus und Ogino nur eine grobe Faustregel war und keineswegs die Normalität von Frauenzyklen widerspiegelt, spukt der »Normalzyklus« von 28 Tagen noch immer durch Aufklärungsbücher für junge Mädchen. Gefördert wurde dieser Mythos vom 28-Tage-Zyklus auch durch die Antibabypillen-Präparate: Sie sind auf diesen »Normal«-Rhythmus abgestimmt. Die hormonell verhütende Frau muß entweder 21 Tage lang täglich eine Pille schlucken und dann sieben Tage mit der Einnahme aufhören, oder sie nimmt täglich eine Pille (wobei in den letzten sieben Tabletten keinerlei Wirkstoff enthalten ist – ein Prinzip für Vergeßliche).

Daß die Seele der Frauen eng mit ihren hormonellen Vorgängen verknüpft ist und sie maßgeblich beeinflussen kann, erkannte die medizinische Wissenschaft im selben Zeitraum, als sie sich mit den körperlichen und seelischen Veränderungen zu beschäftigen hatte, die künstliche Hormonzufuhr bei Frauen bewirken kann: Die Pille und ihre Nebenwirkungen machte vieles über das tatsächliche, normale, von der Antibabypille unbeeinflußte Zyklusgeschehen klar.

Es gibt keine starre Norm

Heute gibt es keine starre »Norm« mehr, nach der ein Zyklusablauf gemessen und womöglich als krankhaft abgeurteilt werden kann. Ein Mädchen, das schon mit zehn oder elf erstmals menstruiert, ist ebenso normal wie eines, das erst mit 16 die erste Menstruation (Menarche) hat. Eine Frau, die ziemlich pünktlich alle drei Wochen menstruiert, ist ebenso normal wie diejenige, zwischen deren Blutungen mal ein paar Monate lang 24, dann 26 oder 28, dann wieder 25 oder 27 Tage liegen. Frauen mit einem leicht schwankenden Zyklus haben es lediglich etwas schwerer, den Zeitpunkt ihres Eisprungs – und damit ihre fruchtbaren und unfruchtbaren Tage – genau zu bestimmen. Die natürlichen Formen der Empfängnisverhütung (Zeitwahl) sind daher für sie nicht gut geeignet und nicht sicher genug.

Auch ist ihr Körper keineswegs »unzuverlässig«, wie sie vielleicht – durch den 28-Tage-Mythos verunsichert – glauben könnten.

Er reagiert vielmehr ziemlich zuverlässig auf ihre jeweilige Lebenssituation, auf ihre Seele, auf

Körper – Geist – Seele – Einheit

den auszuhaltenden Streß. Das heißt: Wenn diese Frau ihrem Körper vertraut – der niemals lügt –, kann sie ganz genau spüren, daß ihr ganzes Wesen eine körperlich-geistig-seelische Einheit ist. Und das ist weit wichtiger als Menstruationen, nach denen sie »die Uhr stellen« könnte.

Erfolge und Mißerfolge, Freude, Ärger, Anstrengung, Verunsicherungen, Liebeskummer, Reisen (vor allem durch Zeitzonen), Erkrankungen, Unfälle, tägliche Belastungen und Frustrationen – all das kann auf den hormonellen Zyklus jeder gesunden Frau einwirken und sein empfindliches Gleichgewicht mal zur einen, mal zur anderen Seite hin leicht schwankend machen – so wie ein Seiltänzer von den Bewegungen des Seils selbst, von einer Brise und von seinen eigenen Konzentrations-Anstrengungen leicht schwankend gemacht wird und er mit den Armen oder einer Balancierstange das Gleichgewicht immer wieder auspendeln muß, um nicht vom Seil zu fallen.

Wichtig: Das Selbstbild der Frau

Was die Frau im Hinblick auf ihre Menstruation und die Tage vor ihrem Einsetzen empfindet und wie sie sie erlebt, wird aber nicht nur vom Auf und Ab ihrer Lebenssituation bestimmt. Gleichermaßen einflußreich ist auch ihre gesamte innere Einstellung zu sich selbst als weiblichem Wesen, als Frau (oder zur Frau heranwachsendem Mädchen), die Kinder zur Welt bringen kann.

Ein Mädchen, das körperfeindlich erzogen wurde, über die Funktionen ihres Körpers wenig

Aufklärung bekommen hat und lernen mußte, daß alles, was mit ihren Geschlechtsorganen zusammenhängt, »schmutzig« sei, hat es überaus schwer, eine unbefangene Einstellung zur Menstruation zu gewinnen. Verkrampfungen, Abwehr, Depressivität oder Aggressivität in den Tagen, die der Menstruation vorausgehen, sind dann beinahe schon vorprogrammiert. Die Blutung selbst wird als unangenehm, scheußlich, schmerzhaft und irgendwie beschämend erlebt. Viele Frauen, die unter heftigen prämenstruellen Beschwerden leiden, berichten, daß sie als junge Mädchen mit ihren Ängsten in bezug auf die Monatsblutung alleingelassen und lange nicht aufgeklärt wurden.

Mythen und Märchen

Auch die Einstellung der Gesellschaft zur Menstruation an sich spielt dabei eine nicht zu unterschätzende Rolle. Menstruierende Frauen gelten in vielen Kulturkreisen als »unrein«, dürfen zum Beispiel nicht an religiösen Handlungen teilnehmen (etwa im Islam), werden von Kindern und Männern abgesondert, bekommen nur bestimmte Speisen zu essen und bleiben während ihrer Blutung von vielen gesellschaftlichen Vorgängen ausgeschlossen. In christlichen Kulturkreisen verbreitete sich die Einstellung, die Menstruation sei das Zeichen für den »Fluch Gottes«, den er über Eva verhängt habe, weil sie ihm im Paradies ungehorsam gewesen sei, und jede Frau müsse diesen »Fluch« (und die damit verbundenen Beschwerden) fortan klaglos ertragen.

Menstruationsblut, behaupteten selbst Ärzte

Bis in unsere Tage...

noch bis in dieses Jahrhundert hinein, enthalte ein spezielles Gift, das »Menotoxin«, das auf viele Gegenstände verderbliche Wirkung habe: Milch werde sauer, wenn eine Frau sie während ihrer Periode berührt, Lebensmittel würden schlecht, Korn verderbe auf den Feldern. Noch vor wenigen Jahren durften Frauen in französischen Parfumfabriken nicht an der Parfumherstellung arbeiten, wenn sie ihre Tage hatten (was sich natürlich finanziell bemerkbar machte)! Und selbst eine deutsche Gurkenfirma erlaubte ihren Mitarbeiterinnen bis vor kurzem nicht, Gürkchen einzulegen und in Gläser zu füllen, so lange sie menstruierten.

Vorurteile sind langlebig

Von Vorurteilen und Mythen dieser Art ist die weibliche Monatsblutung seit vielen Jahrhunderten umstellt – und Vorurteile sind langlebig und schwer auszurotten. Aber auch sie bestimmen mit, daß so viele Frauen sich ihrer (herannahenden) Menstruation schämen, sie als böses Übel empfinden, sie vor anderen verbergen und zu verdrängen versuchen. Kein Wunder also, daß aus solchen seelischen – und oft gar nicht recht bewußt gemachten – Gründen prämenstruelle Beschwerden erwachsen:
Am liebsten wäre es manchen Frauen ja, sie kämen ohne ihre »Tage« aus!

Hypothalamus und Hypophyse

Wo »wohnt« die Seele?

Seelische Vorgänge spielen sich weniger im Herzen als vielmehr im Gehirn ab. Dort nämlich nehmen alle menschlichen Lebensäußerungen ihren Ursprung, die Instinkte ebenso wie die Intelligenz, Gefühle ebenso wie Gedanken, Sinneseindrücke ebenso wie alle bewußt und unbewußt (nicht vom freien Willen gesteuert) ablaufenden Funktionen und Handlungen des menschlichen Organismus.

Jeder Sinnesreiz wird mit Gefühlen bewertet

Ganz besonders wichtig für das, was wir »Seele« nennen, ist eine Region im Zwischenhirn, das sogenannte Limbische System: Es dient als eine Art Schalt- und Filterstelle, durch die sämtliche ankommenden Sinnesreize geschleust werden. Je nach ihrer Art und je nach unserer Erfahrung werden sie dabei, wie es psychologisch heißt, »emotional eingefärbt«. Das bedeutet: Der Sinnesreiz wird nicht gleichgültig vom Gehirn aufgenommen und einsortiert, sondern gefühlsmäßig bewertet. Sehen wir zum Beispiel die Farbe Grün, bekommt dieser Eindruck im Limbischen System die Botschaft mit: ausgleichend, aufhellend, beruhigend, angenehm. Sehen wir hingegen Rot, signalisiert das Limbische System: aufreizend, gefährlich, anstachelnd, heiß. Und so geht das mit jedem einzelnen Sinnesreiz, den wir erfassen bzw. dem wir ausgesetzt sind: Im Limbischen System wird alles Gesehene, Gehörte, Geschmeckte, Ertastete, Gerochene mit einer Gefühlsbetonung versehen, so daß wir es anschließend als angenehm oder unangenehm, wohltuend oder schmerzhaft, gefährlich oder ungefährlich, angsteinflößend oder beruhigend usw. einstufen.

Dieser Prozeß läuft meistens ohne unser Zutun ab – wir bemerken ihn kaum. Unsere Alltagserfahrungen, die wir vom Säuglingsalter an gesammelt haben, fließen darin ebenso ein wie die Prägungen unseres Unbewußten, unsere Urteile und Vorurteile, unsere Ängste und Gewohnheiten.

Wichtige Botenstoffe

Unter dem Limbischen System sitzt ein kleiner, nur rund vier Gramm schwerer Hirnteil, der sogenannte Hypothalamus (medizinisch »unter dem Thalamus liegend«). Er ist über ein dichtes Netzwerk von Nervenbahnen und Gefäßen mit dem Limbischen System verbunden und produziert fortlaufend kleine und größere Mengen von chemischen Botenstoffen, den Freisetzungshormonen. (Dem amerikanischen Forscher A.V. Schally gelang es im Jahr 1971, sie zu isolieren; seitdem konnte ihre Bedeutung und Funktionsweise weiter entschlüsselt werden.) Diese Freisetzungshormone sind für das gesamte Drüsensystem des Körpers von ausschlaggebender Bedeutung: Ohne sie »läuft« gar nichts. Ohne sie würde keine einzige Drüse im menschlichen Organismus »wissen«, wann und in welchem Ausmaß sie arbeiten muß. Ohne sie gäbe es kein feinabgestimmt funktionierendes Hormonsystem. Und ohne sie wären wir vielleicht tatsächlich nur seelenlose Roboter, keinerlei Umwelteinflüssen unterworfen.

Die Freisetzungshormone des Hypothalamus regulieren auch den hormonellen Zyklus der Frau. Auf ihre »Botschaft« hin beginnt die (im Gehirn weiter darunter liegende) Hypophyse, zu Anfang jedes Monatszyklus das Follikelstimulierende Hormon auszuschütten, das seinerseits zu den Eierstöcken wandert und dort den Ovarial-Kreislauf in Gang setzt. Alle Zyklus-Vorgänge »erfährt« über Botenstoffe im Blut wiederum die Hypophyse – und von ihr der Hypothalamus, der dann seinerseits Botenstoffe ins Limbische System sendet und von dort Anstöße zurückbekommt. Streß, Aufregung, Trauer, Zorn, Liebe, Angst, Abwehr – all diese Gefühle teilen sich über das Limbische System dem Hypothalamus mit und veranlassen ihn, entsprechende Botenstoffe auszuschicken: an das Atmungssystem, das daraufhin rascher oder langsamer arbeitet; an die Nieren und andere Organe, die den Wasserhaushalt des Körpers steuern und jetzt mehr Wasser einlagern oder ausscheiden; an die inneren Geschlechtsorgane, die ihre normale Funktion aufnehmen bzw. beibehalten oder aber mit einer Störung reagieren. Botenstoffe des Hypothalamus bestimmen außerdem, ob wir auf eine Situation mit Flucht- oder Angriffsreflexen reagieren – ober ob sie uns ganz einfach kaltläßt.

Dem System bleibt nichts verborgen

Auf dem Weg über das Limbische System und den Hypothalamus also wirkt die Seele auf den Körper ein, das Erleben und das Gefühl auf die Hormone. Jede Frau, die ihren Monatszyklus kennt und beobachtet, weiß über solche Einflüsse Bescheid. Seit der Entdeckung dieser körper-

Schaltstelle zwischen Körper und Seele

lichen Zusammenhänge ist auch wissenschaftlich erwiesen, daß sich Frauen das alles keineswegs »einbilden« – wie man lange Zeit hindurch glaubte –, sondern daß es diese gegenseitige seelisch-geistig-körperliche Beeinflussung wirklich gibt und wie sie sich tagtäglich abspielt – bei Frauen mit PMS-Beschwerden ganz besonders deutlich an den Tagen vor ihren »Tagen«.

PMS: Eine Krankheit?

Im ersten Kapitel »Was das prämenstruelle Syndrom bedeutet« wurde bereits klargestellt: PMS ist im eigentlichen Sinne keine Krankheit, und es hat selten nur eine einzige Ursache. Meist kommen mehrere Ursachen – oder besser Auslöser – zusammen, und es ist nicht ganz einfach, sie immer auseinanderzuhalten (manchmal sogar unmöglich).

Eine Frau mit PMS ist zwar nicht krank, aber sie kann sich durchaus krank fühlen. Ihre Beschwerden können so heftig sein, daß sie Krankheitscharakter bekommen und die Frau eine Behandlungsmöglichkeit finden möchte. Bei manchen Frauen überwiegen seelische Beeinträchtigungen, bei anderen körperliche, und bei vielen ist es eine Mischung aus beidem, die sie ärztlichen Rat einholen läßt. Interessant dabei ist, daß die meisten PMS-Leidenden nicht in jedem Zyklus gleich heftig und auf gleiche Weise auf die hormonellen Veränderungen in ihrem Körper reagieren: In manchen Zyklen halten sie sie ganz gut aus, finden sie allenfalls lästig, und in anderen wiederum möchten sie sich am liebsten die Decke über die Ohren ziehen und sich vor Unwohlsein von der Welt abkapseln. Im vorangegangenen Kapitel über die seelisch-körperlichen Zusammenhänge ist bereits angeklungen, weshalb das so ist: Das harmonische Zusammenspiel von Seele, Geist und Körper kann durch Belastungen und Streß gestört werden.

Mehr als hundert verschiedene Symptome verschiedenster Art wurden von Ärztinnen und Ärzten sowie ihren Patientinnen bereits als

»prämenstruelle Beschwerden« dingfest gemacht.

Häufige PMS-Symptome

Im folgenden werden die häufigsten Symptome aufgezeigt – in alphabetischer Reihenfolge, denn sie sind für die jeweils betroffenen Frauen alle gleich wichtig. Wer vor allem große Müdigkeit verspürt, leidet darunter ebenso sehr wie eine andere unter ihren druckempfindlichen Brüsten und eine dritte unter ihrer Gereiztheit oder ihrem aufgedunsenen Bauch. Kein einzelnes Symptom kann deshalb (ab- oder auf-)gewertet werden. Und jeder betroffenen Frau steht es frei zu entscheiden, ob sie selbst ihr jeweiliges Befindlichkeits-Symptom wichtig nehmen und dagegen Hilfe suchen will, oder ob sie beschließt, sich davon nicht »unterkriegen« zu lassen und es als normal, ihrem Lebensrhythmus entsprechend, anzusehen.

Um sich für oder gegen eine Behandlung überhaupt, für oder gegen eine bestimmte Therapieform (siehe hierzu ab Seite 141) zu entscheiden, sollte sich jede Frau aber erst einmal darüber klar werden, welche Symptome ihr persönliches PMS ausmachen. Die folgenden Informationen können ihr dabei helfen.

Brustschmerzen

PMS-Problem Nr. 1

Zu den häufigsten prämenstruellen Beschwerden gehören voller und schwerer werdende, druckempfindliche, schmerzende Brüste. Auch bei Frauen mit kleinem Busen (die Größe ist dafür nicht entscheidend) werden die Brüste manchmal richtig prall, spannen sich schmerzhaft und fühlen sich heiß an; die Brustwarzen werden gelegentlich so berührungsempfindlich, daß selbst der Kontakt mit dünnem Kleiderstoff unangenehm ist. Die Haut scheint durchsichtiger zu werden; blaue Äderchen zeichnen sich ab; es fühlt sich an, als seien die Brüste voller Milch (und tatsächlich treten manchmal auch ein paar Tröpfchen heller Flüssigkeit aus den Brustwarzen aus). Frauen, deren Brust für ihre Sexualität eine wichtige Rolle spielt, haben in dieser vormenstruellen Zeit dann oft keine besondere Lust auf die Liebe: Berührung tut ihnen einfach zu weh. Das kann sich zum zusätzlichen Problem auswachsen, wenn die Phase prämenstrueller Beschwerden bereits kurz nach dem Eisprung (etwa in der Zyklusmitte) einsetzt und bis zur Menstruation anhält – also etwa 12 bis 16 Tage lang. Für die Partnerschaft ist das dann durchaus eine Belastung, unter der die Frau selbst und auch ihr Partner leiden.

Depressivität

Vor der Periode: den Tränen nahe

Viele Frauen brechen kurz vor ihrer Periode beim kleinsten Anlaß in Tränen aus: wenn jemand sie »dumm anredet« (was sie sonst einfach übergehen oder ganz gut parieren könnten), wenn sie einen anrührenden Film oder eine wehmütige Landschaftsstimmung sehen, wenn irgend etwas nicht wie geplant klappt, wenn in der Familie eine Meinungsverschiedenheit auftaucht usw. Auf einmal so »nah am Wasser gebaut« zu haben, ist für die Frauen dann oft der erste Hinweis, daß sie »wieder einmal« kurz vor ihren Tagen stehen. Mit leichteren Gemütsbewegungen solcher Art können die meisten relativ gut fertig werden.

Depressiv durch PMS?

Schlimmer wird es, wenn sich das ganze Leben prämenstruell wie mit einem grauen Schleier zu überziehen scheint und nichts mehr richtig Freude macht. Der Ausflug zum See, der Theaterabend, das Fest, schöne Ereignisse, auf die sich die Frau erst so freute, erfüllen sie in dieser Zeit eher mit Abwehr – als seien sie gar nichts Schönes, sondern noch eine weitere Aufgabe und Pflichtübung, die irgendwie durchgestanden werden muß. Alles wird ihr zuviel; nichts macht ihr Spaß (ganz anders als während der übrigen Zeit ihres Zyklus). Traurige Ereignisse machen sie nicht nur traurig, sondern stürzen sie in Hilflosigkeit und tiefe Verzweiflung. Lebensprobleme – etwa familiärer Streit, berufliche Schwierigkeiten, ein anstehender Umzug, eine Veränderung, vor der sie (auch) Angst hat –

scheinen in dieser Phase kaum mehr zu bewältigen. Nicht wenige Frauen, die ansonsten auch mit schwierigen Problemen einigermaßen gut fertig werden können, tragen sich an diesen dunklen Tagen sogar mit Selbstmordgedanken. Und fühlen sich seltsam befreit, atmen sichtlich auf, wenn ihre Menstruation einsetzt und der graue Depressivitätsschleier sich plötzlich hebt.

Distanzbedürfnis

»Komm mir nicht zu nahe!«

Weniger depressiv als weltabgewandt fühlen sich andere Frauen in der Zeit vor ihrer Menstruation. Sie haben das dringende Bedürfnis, allein zu sein, auch mal für sich etwas machen zu können, nicht ständig andere Menschen sehen und sich mit ihnen auseinandersetzen zu müssen. Sonst aktive, fröhliche Frauen, die sich in Gesellschaft wohlfühlen, gern mit ihren Kindern umgehen, im Kollegenkreis beliebt sind, möchten sich in dieser Phase lieber rar machen, absondern, und fühlen sich von den Ansprüchen an ihr »stets-zur-Stelle-sein« überfordert. Dieses Distanzbedürfnis erstreckt sich oft auch auf die Partnerschaft: keine Lust am Sex, Wunsch nach (Schlaf-)Zimmer für sich allein, Ruhebedürfnis; und auch anstehenden Gesprächen und Auseinandersetzungen wird in dieser Zeit lieber aus dem Weg gegangen. Frauen, die ohnehin von stillerem Charakter sind und ein relativ ungeselliges Leben führen, ziehen sich in dieser Zeit oft noch stärker in ihr Schneckenhaus zurück und signalisieren: »Rührt mich nicht an!“

Wunsch nach Rückzug

Da aber das familiäre und berufliche Leben selten mit solchen Phasen übereinstimmt, können Probleme entstehen: Wenn der ersehnte Rückzug nicht möglich ist bzw. ständig vereitelt wird, gewinnt die Frau zudem noch das Gefühl, niemand nehme auf sie Rücksicht, alle zerrten an ihr; sie wird unter Umständen mürrisch, schlecht gelaunt, reagiert ungewohnt gereizt

Farbtafel 1: Steuer-Hormone

① Die Hirnanhangdrüse: unterhalb von Zwischenhirn und Hypothalamus. Sie steuert bestimmte Körperdrüsen.

② Der Vorderlappen der Hirnanhangdrüse (Hypophyse) produziert Hormone, die das Wachstum beeinflussen und die männlichen und weiblichen Keimdrüsen steuern.

③ Die Hormone des Hinterlappens beeinflussen die Wehentätigkeit.

④ Die Keimdrüsen werden durch die Hypophysen-Hormone gesteuert.

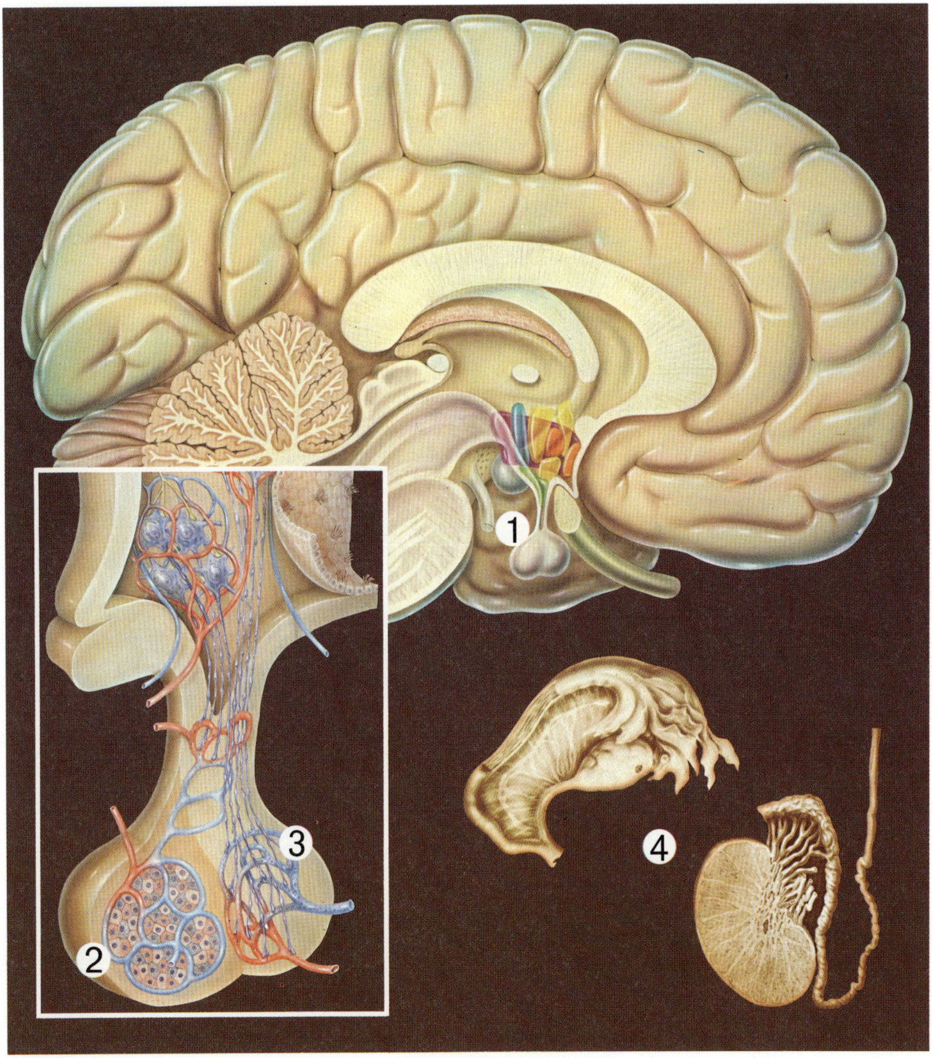

Farbtafel 2: Geschlechtsorgane/Frau

① Befruchtungsreife Eizelle der Frau

② Gebärmutter

③ Eierstock

④ Eileiter

⑤ Trichterförmiger Beginn des Eileiters, der das Ei nach dem Eisprung aufnimmt.

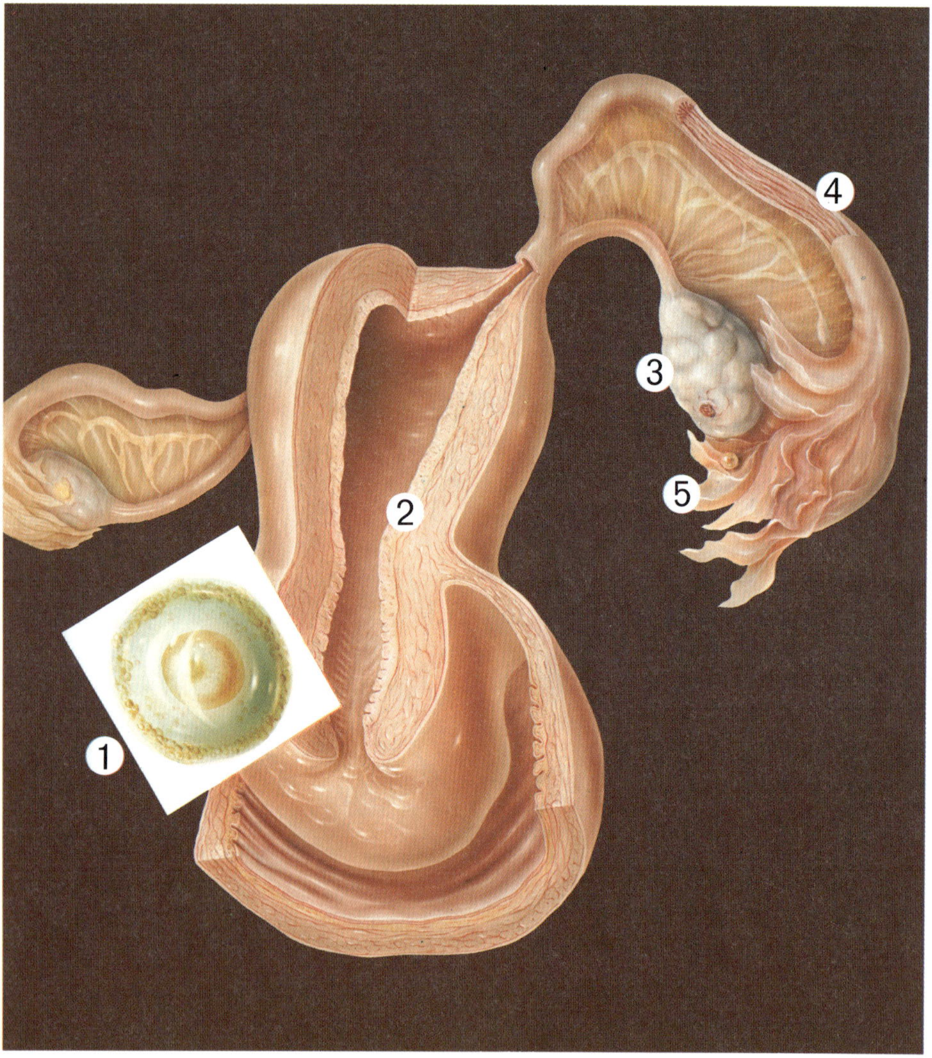

oder versinkt in depressives Schweigen. Sobald sie aber ihre Blutung hat, läßt das Distanzbedürfnis nach – zu ihrer und ihrer Umwelt Erleichterung.

Ekelgefühle

Probleme mit dem Geruchssinn

Das kennen ebenfalls viele Frauen: Kurz vor ihrer Menstruation verstärkt sich ihr Geruchssinn. Düfte, die sie sonst als angenehm oder gewohnt empfinden, bekommen plötzlich eine bittere, süßliche oder ätzende Komponente, die sie schwer ertragen können. Haushaltsmüll riecht schärfer als sonst und kann ihnen Übelkeit verursachen; WC-Gerüche erfüllen sie mit Ekel; den Schweißgeruch anderer – und auch ihren eigenen – nehmen sie verstärkt wahr (und schwitzen auch oftmals selbst mehr als üblich). Nicht wenige Frauen, die sonst gar nicht sonderlich »pingelig« sind, befällt in der prämenstruellen Phase ein wahrer »Putzfimmel«: Jedes Krümelchen ärgert sie, jeder Fleck auf dem Tischtuch ist wie eine Bedrohung, Haare im Waschbecken, sonst gleichmütig entfernt, können sie zur Verzweiflung bringen. Die ganze Welt mit ihrem Schmutz scheint sich gegen sie verschworen zu haben, und sie gehen mit Besen und Scheuermitteln gegen sie vor. Sobald ihre Menstruation einsetzt, vergeht diese Überempfindlichkeit – und sie lachen über ihren zornigen Eifer, mit dem sie einmal monatlich die ganze Wohnung blitzeblank geputzt, alle Ecken aufgeräumt und ihre Familie zur Ordnung gescheucht haben (was natürlich nicht immer ohne handfesten Krach abging).

Gereiztheit

Vor den Tagen gereizt

Eine der häufigsten und wichtigsten seelischen Veränderungen, die Frauen in der prämenstruellen Phase erleben, ist eine steigende Gereiztheit und Aggressivität, je näher die Menstruation heranrückt. Manche stehen in dieser Zeit schon »mit dem linken Fuß zuerst auf«, ärgern sich über die berühmte »Fliege an der Wand«, nehmen jedes harmlose Wort krumm, streiten sich – ohne das eigentlich vorzuhaben – mit ihren Kolleginnen, ihrem Partner, ihren Vorgesetzten.

Ungewollt aggressiv

Was den Frauen oft besonders zu schaffen macht, ist der Kontrollverlust, den sie erleiden: Ihren Kindern gegenüber rutscht ihnen die Hand aus, obwohl sie Schläge sonst strikt ablehnen; ihr Partner muß sich auf heftige Angriffe gefaßt machen, wenn er ein heikles Thema berührt oder ganz einfach ebenfalls gerade mal »muffig« ist; entschlußlose Kunden im Laden werden gereizt zurechtgewiesen; Lehrerinnen beschimpfen plötzlich ihre Klasse, Chefinnen mit sonst makellosen Umgangsformen ihre Angestellten – und das alles scheinbar »ohne eigenes Zutun«, als verändere sich ihre Persönlichkeit in dieser Phase, ohne daß sie etwas dagegen machen können. Gereiztheit kann sich zu richtigen Wutanfällen steigern, und selbst sonst so beherrschte Frauen ertappen sich mitunter dabei, mit Gegenständen zu werfen und böse, verletzende Worte von sich zu geben, die sie hinterher bereuen. Da diese Verhaltensveränderungen fast immer Streß mit der Umwelt bedeuten und die Frauen sich vor ihrer unerklärlichen Aggressivität auch fürchten, gehen sie mit diesem PMS-Symptom vergleichsweise häufig zum Arzt, in der Hoffnung, ein Beruhigungsmittel könne ihnen über diese schwierige Zeit hinweghelfen.

Gewichtszunahme

Nichts paßt mehr richtig

Eine recht oft geäußerte Klage ist die – scheinbare oder tatsächliche – Gewichtszunahme in der prämenstruellen Phase. Manche Frauen fühlen sich geradezu, als seien sie schwanger: Ihr Bauch ist deutlich aufgedunsen, ihre Röcke und Hosen sitzen auf einmal zu eng; selbst die Schuhe kneifen und drücken. Vor allem Frauen, die sehr auf ihre schlanke Linie bedacht sind oder gerade – zum x-ten Male – eine Diät durchzuhalten versuchen, sind von diesen Veränderungen ihres Körpers sehr verunsichert und haben ein schlechtes Gewissen, weil sie wieder einmal »disziplinlos zu dick geworden sind«. Bis zu sechs, sieben Kilogramm können Frauen während der prämenstruellen Phase an Gewicht zulegen – die sie anschließend aber ebenso rasch wieder verlieren. Ein Teil dieses Gewichts besteht nicht nur aus Fett, sondern aus Wasser (siehe hierzu Punkt »Wassereinlagerungen« auf Seite 83).

Manche Pfunde rühren auch von Heißhungeranfällen her, die sich kurz vor der Periode häufen können: Die Frau verspürt plötzlich unbändigen Appetit oder möchte am liebsten mitten in der Nacht den Kühlschrank leeressen; sie stürzt sich auf Süßigkeiten und verschlingt davon größere Mengen, obwohl sie sonst gar nicht so für Süßes ist; oder sie ißt ein ganzes Glas Gewürzgurken auf einmal leer. Viele erinnert ein solches, beinahe »süchtiges« Verhalten an frühere Schwangerschaften. Nicht immer sind die

Gewichtszunahme: ein Trugschluß?

Vergrößerungen des Körperumfangs, vor allem am Bauch, tatsächlich auf Gewichtszunahme zurückzuführen. Wenn die Frau ihr Gewicht täglich zur selben Zeit auf der eigenen Waage kontrolliert, kann sie auch feststellen, daß es über den ganzen Zyklus hinweg ziemlich gleich bleibt oder bis zur Menstruation zunimmt. Trotzdem fühlt sie sich dicker, weil eine Umverteilung – vor allem des Gewebewassers – stattgefunden hat.

Hautprobleme

Versteckte Herpes-Viren

Etwa 95% aller Menschen stecken sich schon im frühen Kindesalter mit Herpes-Viren an. Diese Viren haben die besondere Eigenschaft, lange Zeit, manchmal sogar lebenslang, unter der Hautoberfläche verborgen zu sitzen und zu »schlummern« (sie bleiben latent, wie es medizinisch heißt). Bei besonderem Streß, ob körperlicher oder seelischer Art, werden sie plötzlich aktiv und verursachen lästige bis äußerst schmerzhafte Hautbläschen, die heftig jucken können: zum Beispiel am Mund, am Kinn oder an den äußeren Geschlechtsorganen. Bei Frauen gibt es ein eigenes Wort für solche Bläschen, die mit unguter Regelmäßigkeit immer wieder zu bestimmten Zyklus-Zeiten auftauchen: Sie heißen medizinisch Herpes menstrualis, zur Menstruation gehörig. Manche Frauen beklagen sie während, andere typischerweise vor ihrer Monatsblutung.

Pickel und Akne

Auch Akneprobleme treten oft prämenstruell besonders heftig auf; Pickel und Mitesser »blühen« ein paar Tage lang (und machen besonders jungen Mädchen zu schaffen, die es peinlich finden, daß ihre »Zeit« ihnen sozusagen am Gesicht abgelesen werden kann). Bei Mädchen und Frauen mit normalerweise akne- und pickelfreier Haut verschwinden die Haut-Ärgernisse mit dem Einsetzen der Menstruation bzw. nehmen deutlich ab. Wer sich damit sowieso schon dauerhaft herumschlagen muß, erlebt, daß sie vor der Blutung noch heftiger wer-

Weitere Hautprobleme

den. Auch andere Hautleiden, beispielsweise Schuppenflechte (medizinisch Psoriasis) oder Neurodermitis – eine Hauterkrankung, die stark seelisch mitbedingt ist –, verschlimmern sich oft in der prämenstruellen Phase bzw. treten dann in spürbarem Ausmaß hervor. Und selbst Frauen, die kein bestimmtes Hautleiden haben, gewinnen vor dem Spiegel den Eindruck, ihre Haut sei in dieser Phase grobporiger, fetter, schwerer zu pflegen. Die Nägel und Haare – sämtliche Hautanhanggebilde, wie es medizinisch heißt – bereiten ebenfalls mehr Probleme: die Frisur will nicht sitzen, die Haare wirken rascher fettig oder strähnig und spröde; die Nägel brechen leichter als sonst. Kurz: Die Frau ist mit ihrem äußeren Erscheinungsbild in dieser »kritischen Zeit« besonders unzufrieden – und auch überkritisch sich selbst gegenüber, was sie wiederum mißgelaunt und unzufrieden machen kann.

Konzentrationsschwäche

Mehr Unfälle im Haushalt

Aus Unfallstatistiken geht hervor, daß Haushaltsunfälle vor Unfällen im Beruf und Straßenverkehr rangieren – und das bedeutet: Die meisten Unfälle, ob kleinere oder schwerwiegende, betreffen nach wie vor Frauen (die sich ja auch am meisten im Haushalt zu schaffen machen müssen). Viele Frauen berichten, daß sie sich kurz vor der Menstruation besonders unfallgefährdet fühlen: Ihre Konzentrationsfähigkeit ist deutlich schwächer als sonst; sie können ihre Bewegungen (ihre Motorik) nicht so gut koordinieren wie gewöhnlich, so daß sie öfter ins Leere greifen, eine Stufe übersehen, eine Entfernung nicht richtig abschätzen, sich an Tischen und Schränken blaue Flecken holen. Manche haben öfter ein »leeres Gefühl im Kopf« oder den Eindruck, wie »durch Watte« zu gehen.

Ihre Aufmerksamkeit im Straßenverkehr ist herabgesetzt – und das, obwohl sie gar keine Tabletten eingenommen, keinen Tropfen Alkohol getrunken haben. Aufgaben, bei denen sie sich stark konzentrieren müssen, fallen ihnen ungewohnt schwer; ihre Gedanken schweifen leichter ab, oder sie übersehen einen Fehler, den sie sonst sofort bemerkt hätten. Frauen, die im Berufsleben ohnehin oft noch besser sein müssen, noch mehr leisten müssen als ihre männlichen Kollegen, damit man sie überhaupt richtig ernst nimmt, nehmen sich diese zeitweilige »Unfähigkeit«, diese Leistungsschwankungen besonders übel und versuchen mit zusammengebissenen Zähnen, sie durch noch mehr Fleiß auszugleichen. Das setzt sie zusätzlich unter Streß, der sich erst auflöst, wenn sie endlich ihre Periode haben.

Kopfschmerzen/Migräne-Attacken

Häufig: Kopfweh und Migräne

Kopfweh sowie Migräne gehören ebenfalls zu den relativ häufigen PMS-Beschwerden. Manchmal ist es nur ein dumpfer Druck im Kopf, der trotz Einnahme leichterer Schmerzmittel nicht ganz weggeht oder immer wiederkommt. Manchmal wacht die Frau bereits mit bohrendem Kopfweh auf, das ihr den ganzen Tag vergällt, so daß sie zusätzlich unkonzentriert und mißgelaunt wird. Andere Frauen erleben in der Zeit zwischen Eisprung und Menstruation des öfteren mindestens eine, manchmal auch mehrere starke Migräneattacken: Oft eingeleitet von Augenflimmern, Schwindelgefühlen und Übelkeit, setzt ein pochendes, stechendes Kopfweh ein, das meistens auf eine Gehirnhälfte beschränkt ist (die berüchtigte halbseitige Migräne). Ein Spannungskopfschmerz beginnt meistens in der Nacken-Schulter-Region; sie ist verkrampft, als hätte die Frau Zugluft bekommen. Der Schmerz zieht dann vom Halsbereich in den Hinterkopf hinauf und kann tagelang anhalten. Die Spannung in der Muskulatur entspricht einer seelisch-körperlichen Spannung, unter der die ganze Frau steht (und manchmal beobachtet sie an sich, daß tatsächlich »die Funken fliegen« und auch ihr Haar, ihre Haut wie elektrisch aufgeladen sind. Sobald die Blutung einsetzt, vergehen Kopfschmerzen bzw. Migräne; es ist, als fiele ein enger Reifen vom Kopf und von der Seele).

Krankheits-Verschlimmerung

Krankheiten werden schlimmer

Zu den unliebsamen Symptomen des prämenstruellen Syndroms kann auch gehören, daß sich bestehende Krankheiten in der zweiten Zyklusphase spürbar verschlimmern. Asthmatikerinnen beispielsweise, die während der übrigen Zyklus-Zeit nur vergleichsweise geringe Beschwerden haben, leiden dann plötzlich unter Atemnot oder bekommen sogar heftige Asthma-Attacken; Frauen mit Herz-Kreislauf-Problemen fühlen sich in dieser Phase besonders schlecht, neigen zu Ohnmachtsanfällen, haben Herzrasen oder Herzrhythmusstörungen, Schwindelgefühle, Hitzewellen, Schweißausbrüche (und mißdeuten das gelegentlich als das Herannahen des Klimakteriums). Nieren- und Blasenleiden sowie andere chronische Erkrankungen sprechen in dieser Zeit manchmal weniger gut auf verordnete Therapien an bzw. verschlimmern sich einige Tage lang ohne ersichtliche weitere äußere Ursache, und so fort.

Schwierige Diagnose

Diese Zusammenhänge richtig zuzuordnen, ist oft nicht ganz einfach, weil die betreffende Frau dann auch weit über das Einsetzen ihrer Menstruation hinaus darunter leiden kann. Anders als andere PMS-Symptome hören diese mit der Blutung oft keineswegs ganz auf bzw. werden zumindest nicht deutlich besser. Krankheits-Verschlimmerung allein ist deshalb nicht unbedingt ein Zeichen für PMS (wenn auch der Verdacht sehr naheliegt, wenn sie im Zyklus-Rhythmus auftritt). Damit die PMS-Diagnose gestellt werden kann, müssen in der Regel noch weitere PMS-Zeichen vorhanden sein.

Kreuzschmerzen

Das Kreuz mit dem Kreuz

Das »Kreuz mit dem Kreuz« müssen viele Frauen (er-)tragen – manche am stärksten während ihrer Menstruation, andere in den Tagen davor. Es beginnt mit einem Ziehen in der Lendenwirbelsäule, strahlt in die Beckenregion aus und kann so stark werden, daß die Frau meint, ihr Kreuz müsse gleich »mitten«durchbrechen. Frauen, die den ganzen Tag sitzen oder stehen müssen, leiden meist noch mehr darunter als solche, die sich ab und zu hinlegen und den nötigen körperlichen Ausgleich schaffen können. Sind die Kreuzschmerzen ein PMS-Zeichen, steigern sie sich in der zweiten Zyklushälfte allmählich und hören auf, sobald die Blutung einsetzt.

Libido-Veränderung

Libido – was ist das?

Sexuelle Ansprechbarkeit, Lust auf Sex – medizinisch Libido genannt – ist bei keiner Frau (und keinem Mann) jeden Tag gleichmäßig vorhanden. Sie kommt und geht – je nachdem, wie wir uns insgesamt fühlen, ob wir gerade ein harmonisches oder ungutes Verhältnis zum Partner/zur Partnerin haben, ob uns andere Dinge gerade mehr beschäftigen, ob wir müde, abgearbeitet, sorgenvoll oder aber fröhlich, entspannt, zum Geben und Nehmen fähig und aufgelegt sind.

Veränderte sexuelle Wünsche

Viele Frauen bemerken, daß ihre sexuelle Lust eng mit ihrem Zyklusgeschehen verknüpft ist. Im Durchschnitt haben sie um die Zeit des Eisprungs herum am meisten Lust auf die Liebe (und das entspricht auch der von der Natur angelegten Absicht, denn zur Zeit des Eisprungs ist die Frau empfängnisbereit). Zur Menstruation hin sowie während der Blutung läßt das Verlangen nach sexuellem Verkehr bei vielen Frauen deutlich nach. Es kann aber auch genauso umgekehrt sein: Manche Frauen haben gerade dann Lust auf die Liebe, wenn sie sich durch ihre Menstruation »ganz Frau« fühlen (und außerdem wissen, daß sie in dieser Zeit praktisch sicher vor Empfängnis sind). Ein PMS-Symptom ist das Nachlassen des Verlangens in der vormenstruellen Phase eigentlich also nicht. Es kann jedoch zum Problem werden, wenn die Lustlosigkeit und das Distanzbedürfnis (siehe auch Seite 64) Schwierigkeiten und Streit in der

Partnerschaft verursachen, die Frau sich deshalb Schuldgefühle macht oder nachgerade Abwehr und Ekelgefühle (siehe auch Seite 66) entwickelt, die den Partner verletzen und die Frau selbst beunruhigen. Die meisten der so empfindenden Fauen haben zwar mit dem Einsetzen der Menstruation nicht schlagartig wieder Lust auf Sex, bemerken aber ein deutliches Nachlassen der inneren Abwehr und Spannung. Kompliziert wird diese Libido-Veränderung oft dadurch, daß die Frau zwar keinen Geschlechtsverkehr will, aber ein großes Bedürfnis verspürt, sich anzukuscheln, in den Arm genommen zu werden, Zärtlichkeit zu geben und zu empfangen. Viele Männer sehen das als »Vorspiel« an und sind enttäuscht, wenn anschließend nichts mehr passiert. Wenn die beiden einander nicht so gut kennen bzw. ihre wechselseitigen Hoffnungen und Bedürfnisse mitteilen können, gibt das oft Spannungen, die mit böser Regelmäßigkeit in Streit enden. Das PMS-Symptom ist dafür dann »nur« der Auslöser.

Wunsch nach Zärtlichkeit

Minderwertigkeitskomplexe

»Ich fühle mich minderwertig.«

Nur etwa zehn Prozent aller Frauen fühlen sich in den Tagen vor ihren Tagen besonders fit, frisch, aktiv und unternehmungslustig. Ein Großteil erlebt eher das Gegenteil: Abgespanntheit, Konzentrationsschwäche, nachlassende Energien. Ganz besonders Frauen, die sich in ihrem Leben hohen Anforderungen ausgesetzt sehen und/oder selbst sehr leistungsorientiert und auf ihre Perfektion bedacht sind, entwickeln in dieser Zyklusphase Minderwertigkeitsgefühle. Sie haben den Eindruck, zu nichts nütze zu sein, nichts richtig zu machen; sie empfinden sich als häßlich(er als andere), nehmen sich Nachlässigkeiten besonders übel, glauben kein einziges Kompliment, das sie in dieser Zeit erhalten, und sehen überall einen Berg von Schwierigkeiten vor sich aufragen, den sie wahrscheinlich niemals werden überwinden können. Examen, Prüfungen, Vorstellungsgespräche, wichtige berufliche oder familiäre Aufgaben – alles macht sie verzagt und hilflos, statt wie sonst eine Herausforderung an ihr Können zu sein. Minderwertigkeitskomplexe und Depressivität (siehe Seite 62) gehen oft Hand in Hand. Wenn sie dann endlich menstruieren, spüren die Frauen, wie ihre Energien wiederkehren und ihr Selbstbewußtsein wieder zum normalen Stand zurückfindet. Manche empfinden diese monatlichen Phasen wie eine Art Persönlichkeitsspaltung, die sie sehr beunruhigt.

Müdigkeit

Seltsame Müdigkeit

»Nachteulen« gehen in der prämenstruellen Zeit oft – für sie selbst erstaunlich – früh ins Bett; »Morgenlerchen« finden in der Frühe nur schwer aus den Federn. Der normale Biorhythmus, der diesen Frauen eigen ist, scheint in der Zeit zwischen Eisprung und Menstruation oft seltsam aus dem Gleichgewicht. Auch tagsüber haben viele der davon betroffenen Frauen ein erhöhtes Schlafbedürfnis, fühlen sich allgemein schlapp und unkonzentriert. Wenn sie sich tagsüber hinlegen und schlafen, können sie zwar anschließend wieder mit mehr Energie ihren Aufgaben nachgehen, sind aber nachts oft – trotz Müdigkeit – nicht in der Lage, in einen erholsamen Schlaf zu sinken. Unruhig wälzen sie sich im Bett herum; der »bleierne« Schlaf scheint traumlos oder aber voller Alpträume; Körper, Seele und Geist kommen nicht richtig zur Ruhe. Schlaflosigkeit bzw. schlechter Schlaf sind oft die Kehrseite der prämenstruellen Müdigkeit. Sie bessert sich zusehends, sobald die Menstruation einsetzt.

Verdauungsschwierigkeiten

Probleme mit der Verdauung

Sogar Frauen, die normalerweise keinerlei Abführmittel einnehmen wollen und müssen, greifen in den Tagen vor ihren »Tagen« manchmal doch zu einem Tee oder Früchtewürfel, der ihre Verdauung beschleunigen soll: Sie können tagelang nicht »ordnungsgemäß« auf die Toilette und befürchten Verstopfung. Der Darm reagiert spürbar träger als sonst; ein Völlegefühl stellt sich ein, das den ganzen Bauchraum bis zum Zwerchfell hinauf umfaßt. Die Frauen fühlen sich unförmig und aufgebläht, obwohl die Waage ihnen anzeigt, daß sie nur wenig oder gar nicht zugenommen haben. Mit dem Einsetzen der Blutung kommt auch die Erleichterung: Der Stuhlgang funktioniert auf einmal wieder normal, das Völlegefühl schwindet. Manche Frauen haben prämenstruell auch das Gefühl, ständig auf die Toilette gehen und urinieren zu müssen, obwohl beim zweiten oder dritten Mal nur wenige Tropfen kommen. Falls Sie dabei Brennen oder Druckgefühle in der Blase verspüren, kann es sich um eine latente, jetzt ausbrechende Blasenentzündung handeln (siehe hierzu auch »Krankheits-Verschlimmerung«, Seite 76). Der Harndrang und die Schmerzen hören dann mit Einsetzen der Blutung nicht auf. Bessert sich die »Reizblase« jedoch, sobald die Menstruation anfängt, ist sie als PMS-Zeichen zu werten.

Wassereinlagerungen

Am Körper zeigen sich Ödeme

Mit zu den häufigsten PMS-Symptomen gehören verstärkte Wassereinlagerungen im Körper, medizinisch Ödeme genannt. Sie treten vor allem im Bauchraum, im Gesicht, an den Händen und in den Füßen und Beinen auf und können die betroffenen Frauen stark beeinträchtigen. Auch ihre Brüste sind oft davon betroffen (siehe hierzu Seite 61). Gewohnte Kleidungsstücke passen in dieser Zeit nicht mehr; Schuhe drücken und sind zu eng; die Hände sind deutlich angeschwollen, so daß Ringe kneifen (und vorsorglich abgelegt werden müssen); die Augenpartie, manchmal auch das gesamte Gesicht, ist verschwollen und wirkt aufgedunsen. Oftmals zeigt die Waage den Frauen eine größere Gewichtszunahme an (siehe auch Seite 69). Manchmal jedoch ist die Zunahme nur minimal: Dann haben die Wassereinlagerungen im Körper nicht oder nur wenig zugenommen, sich jedoch auf andere Gewebepartien umverteilt. Sobald die Menstruation beginnt, hören die Frauen fast über Nacht auf, sich »prall wie ein Ballon« zu fühlen; die Ödeme gehen zurück – bis zum nächsten Monat.

Ziehen im Unterleib

Schmerzen im Unterleib

Neben verstärkten Kreuzschmerzen (siehe auch Seite 77) erleben nicht wenige Frauen oft schon eine ganze Zeit vor ihrer nächsten Monatsblutung ein leichtes bis unangenehmes Ziehen im Unterleib, dessen Herkunft und genauer Sitz sich nicht ganz einfach bestimmen läßt. Manchmal scheinen auch mehrere Stellen zugleich zu schmerzen und druckempfindlich zu sein. Tritt das Ziehen im Unterleib immer etwa um die Zyklusmitte herum auf und läßt anschließend rasch nach, handelt es sich nicht um ein PMS-Symptom, sondern ganz einfach um den Eisprung selbst, den die Frau als Schmerz wahrnimmt. (Frauen, die ein sehr enges Verhältnis zu ihrem Körper haben, schärfen oft geradezu ihre Sinne für diese Wahrnehmung und freuen sich, selbst vergleichsweise winzige Vorgänge in ihrem Körper spüren zu können.) Fängt das Ziehen jedoch irgendwann nach dem Eisprung an und hört es erst auf, wenn die Menstruation (mit einer ganz anderen Empfindung im Unterleib, die sich deutlich von diesem Schmerz unterscheidet) einsetzt, so ist es dem PMS zuzuordnen.

Weitere Beschwerden

Die Liste möglicher PMS-Symptome ist mit dieser Aufzählung noch längst nicht beendet. So nennt zum Beispiel die amerikanische Ärztin Dr. med. Michelle Harrison, eine führende PMS-Spezialistin der USA, in ihrem Buch »Das prämenstruelle Syndrom« noch folgende Beschwerden, über die ihre Patientinnen gelegentlich klagen:

Weitere PMS-Probleme

Ängstlichkeit, Alkohol-Unverträglichkeit, Augenprobleme, Entschlußlosigkeit, Gelenkschwellungen und -schmerzen, Gerstenkörner, Gewaltausbrüche, Hämorrhoiden (bzw. ihr Wiederauftauchen), Krampfneigung, Lärmempfindlichkeit, Muskelschmerzen, Nesselsucht, panische Zustände, Wahnzustände, Stillprobleme, Taubheitsgefühl und Kribbeln in den Händen, Übelkeit, verschwommenes Sprechen.

Vielfältige Formen und Ursachen

Aus der großen Zahl möglicher PMS-Beschwerden sind zwei Dinge leicht zu erkennen: Erstens sind sie so vielfältig wie die Persönlichkeiten der Frauen selbst, die an ihnen leiden. Zweitens kann diesen vielfältigen Symptomen niemals nur eine einzige, exakt dingfest zu machende Ursache zugrundeliegen – etwa wie ein Bakterium, das unter dem Mikroskop zu sichten ist. Auch die Ursachen für PMS sind mehrschichtig. Und sie können im Leben einer Frau mehrfach variieren. Das bedeutet: Wenn sie in jungen Jahren unter PMS litt und eine Hormonstörung dafür als Ursache ausfindig gemacht wurde, kann sie trotz hormonell regulierender Behandlung irgendwann doch wieder unter PMS leiden. Und diesmal ist vielleicht etwas ganz anderes dafür verantwortlich. Auch diese Tatsache macht die Suche nach den Ursachen für PMS so schwierig.

Ist es wirklich PMS?

Bevor auf die verschiedenen, möglicherweise in Frage kommenden Ursachen für bestimmte PMS-Symptome eingegangen wird, sollte sich die betroffene Frau (eventuell zusammen mit ihrem Gynäkologen bzw. ihrer Gynäkologin) erst einmal klarmachen, ob das, worunter sie leidet, wirklich ein prämenstruelles Syndrom ist. Das folgende Kapitel soll dazu Hilfestellung leisten.

Den eigenen Zyklus genauer kennenlernen

Ab Seite 21 wurde bereits erklärt, wie der weibliche Monatszyklus im allgemeinen abläuft, welche Phasen es dabei gibt und welche Hormone daran beteiligt sind. Jede Frau, die wissen will, ob ihre immer wiederkehrenden Beschwerden mit ihrem Zyklus zusammenhängen, muß ihren individuellen Monatszyklus erst einmal mindestens zwei bis drei Monate lang genauer beobachten und sich alle Vorkommnisse merken, die sie damit in Verbindung bringt.

Die Zyklus-Tabelle

Eine praktische Hilfe

Das geht am besten anhand einer Zyklus-Tabelle, die genügend Platz bietet für individuelle Eintragungen. Sie können dazu den Vordruck auf Seite 93 benutzen oder nach diesem Muster Ihre eigene Zyklus-Tabelle zusammenstellen. Sie kann so viele Zeilen enthalten, wie Sie für Ihre persönlichen Beschwerden und andere Dinge, die Sie aufzeichnen möchten, brauchen.

In dem Vordruck (ab Seite 93) wird als Tag 1 nicht der erste Tag des jeweiligen Monats, sondern der erste Zyklustag eingesetzt: also der Tag, an dem Ihre nächste Menstruation anfängt. Man hat sich international darauf geeinigt, den ersten Blutungstag mit dem ersten Zyklustag gleichzusetzen, weil sich dieser Tag viel sicherer bestimmen läßt als etwa der Tag des Eisprungs, der letzte Blutungstag oder ein anderer markanter Tag des Zyklus. Falls Sie das zu sehr verwirrt, können Sie in Ihrer Tabelle natürlich

auch mit dem 1. des laufenden Monats beginnen und die Zyklusgeschehnisse fortlaufend eintragen. Um einen vollständigen Zyklusverlauf einzutragen, brauchen Sie dann aller Wahrscheinlichkeit nach noch das Kalenderblatt für den nächsten Monat, beim zweiten Zyklusverlauf das für den dritten Monat usw.
In der ersten Spalte neben dem Zyklustag tragen Sie nur ein, ob Sie gerade eine Blutung haben (wenn nicht, lassen Sie die Spalte frei). Wenn Sie für Ihren Eisprung sensibilisiert sind und ihn deutlich als Ziehen im Unterleib – dort wo die Eierstöcke sitzen – bemerken, können Sie auch das in diese Zyklusspalte eintragen.

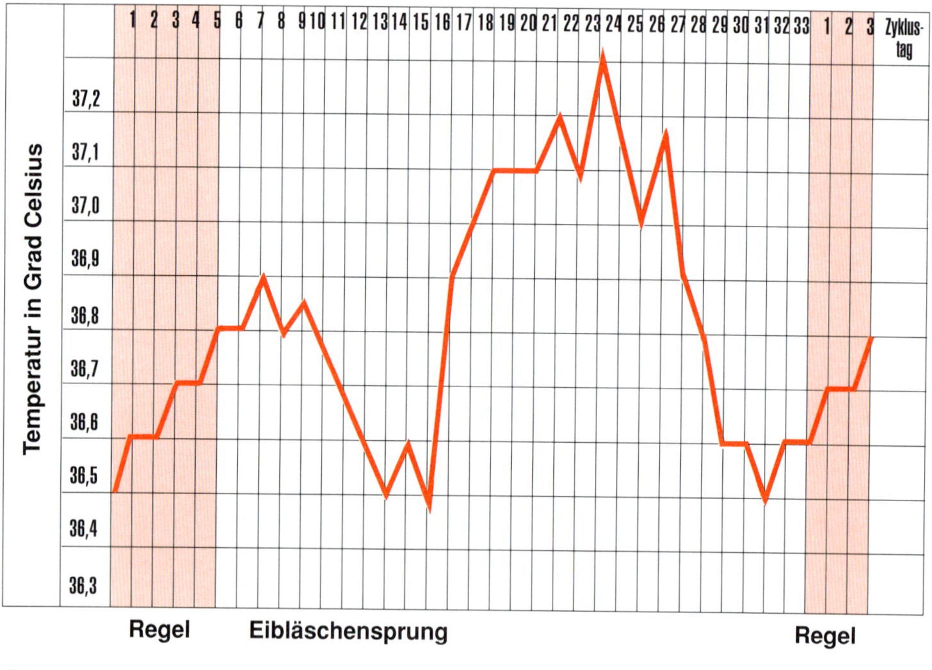

Spezielle Methoden der Familienplanung

Die nächsten beiden Spalten sind für Frauen gedacht, die sich in der Temperatur-Meß-Methode und der Schleimstruktur-Methode auskennen und die Ergebnisse der tägliche Messungen/Beobachtungen hier eintragen möchten. Für die Temperatur-Meß-Methode brauchen Sie lediglich ein gut funktionierendes Thermometer (es gibt spezielle Zyklus-Thermometer mit gut ablesbaren Teilstrichen in der Apotheke). Jeden Morgen etwa um die gleiche Zeit, wenn Sie aufwachen (also noch im Bett, vor einem etwaigen Gang zur Toilette!), messen Sie damit Ihre Kör-

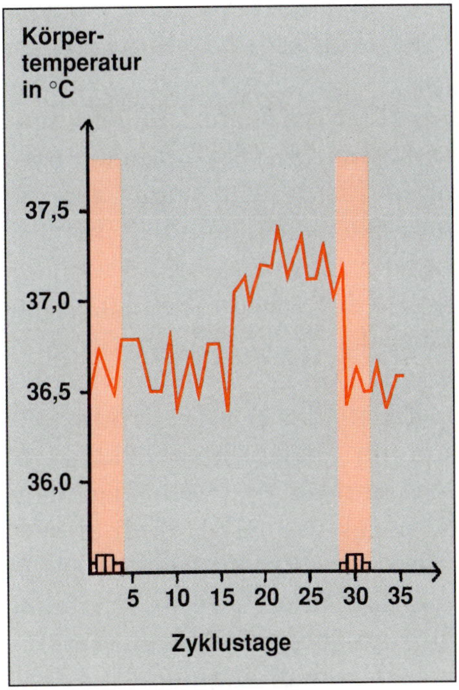

Normaler Verlauf

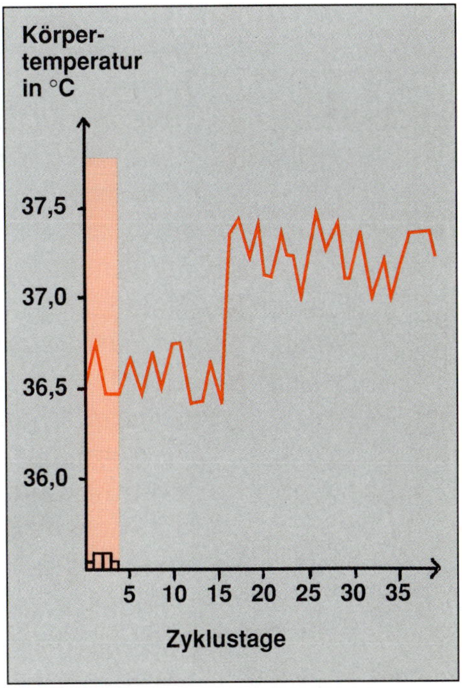

Verlauf bei Schwangerschaft

pertemperatur unter der Zunge oder im After. Nicht unter der Achsel – das ist zu ungenau! Nach zwei bis drei Minuten lesen Sie das Ergebnis ab und tragen den Meßwert in die dafür vorgesehene Spalte Ihrer Tabelle ein. Zur Zeit des Eisprungs erhöht sich Ihre Körpertemperatur deutlich – um mindestens 0,2 Grad Celsius, manchmal aber auch 0,5 oder sogar 0,6 Grad Celsius. Die Temperatur bleibt dann bis zur nächsten Menstruation auf etwa dieser Höhe und fällt erst mit der Blutung wieder auf den Wert der ersten Zyklusphase ab.

Schwangerschaft

Sollten Sie unbemerkt schwanger geworden sein, wird Ihre Temperaturkurve anders aussehen (und wahrscheinlich auch die Blutung ausbleiben).

»Antibabypille«

Frauen, die die Antibabypille einnehmen, brauchen die Temperaturmeßmethode nicht anzuwenden, um ihrem Eisprung genauer auf die Spur zu kommen: Sie haben nämlich keinen. Die Antibabypille unterdrückt den Eisprung.

Was ist Zervix-Schleim

In die nächste Spalte der Tabelle (Seite 93) können Beobachtungen der Zervixschleim-Struktur eingetragen werden. Dieser Schleim wird im Gebärmutterhals-Kanal (der Zervix) produziert. Er verändert sich im Verlauf des Zyklus gewöhnlich auf charakteristische Weise: Nachdem die Menstruation abgeklungen ist, fühlt er sich zunächst ziemlich krümelig und trocken an. Je näher der Eisprung heranrückt, desto dicklicher und feuchter wird er. Zum Zeitpunkt des Eisprungs wird er glasklar, naß und dehnbar: Zwischen Daumen und Zeigefinger genommen, läßt er sich zu einem dünnen Faden ausspinnen. (Diese Eigenschaft nennt man medizinisch »Spinnbarkeit«. Der Grad der Spinnbarkeit läßt etwa einschätzen, an welchem Zyklus-Zeitpunkt die Frau sich gerade befindet.) Nach dem Eisprung verdickt sich der Zervixschleim wieder und wird undurchsichtig-milchig. Kurz vor der Menstruation ist er wieder trocken und krümelig.

Auch diese Methode, vom Ärzte-Ehepaar Billings entwickelt, dient dazu, den Zeitpunkt des Eisprungs genauer zu bestimmen. Frauen, die die Antibabypille nehmen, brauchen/können diese Methode nicht nutzen: Sie haben ja keinen Eisprung, und ihr Zervixschleim kann sich unter der Pilleneinnahme ohnehin verändern (siehe hierzu ab Seite 193).

PMS-Probleme notieren

Die nächsten Spalten der Tabelle sind für Frauen, die möglicherweise unter PMS leiden, besonders interessant: Hier sollen alle größeren und kleineren Beschwerden eingetragen werden, die ihnen im Verlauf ihres Zyklus zu schaffen machen. Tragen Sie jeden Tag ein, was Sie an körperlichen, geistigen oder seelischen Besonderheiten erleben, zum Beispiel Brustspannen, Gereiztheit/Aggressivität, Konzentrationsschwäche, Unterleibs- oder Kreuzschmerzen, Kopfweh usw. (Damit Ihre private Tabelle auch wirklich privat – und für etwaige Neugierige unentzifferbar – bleibt, und damit Sie nicht so viel Platz benötigen, wählen Sie am besten eine Abkürzung: zum Beispiel Bs für Brustschmerzen, Mi für Migräne, und so fort.)

Besondere Ereignisse

Ganz am Rand finden Sie nun noch eine Spalte für »Besonderheiten«. Hier sollten Sie zum Beispiel eintragen, wenn Sie einmal kurzfristig krank waren, wenn Sie einen größeren oder kleineren Unfall hatten (auch die Verletzung beim Gemüseschneiden gehört hierher – auf diese Weise können Sie nachprüfen, wann Sie besonders unfallgefährdet sind!), wenn Sie einmal ganz ungewöhnlich spät ins Bett kamen oder besonders lange geschlafen (und dabei den Temperatur-Termin verschlafen) haben, usw.

Unterstreichen Sie jeweils die Beschwerden, die Ihnen besonders zu schaffen gemacht haben, die besonders unangenehm (schlimmer als vielleicht gleichzeitig auftretende) waren und die Sie – eventuell auch Ihre Umwelt – am wenigsten aushalten konnten. Das kann deshalb wichtig sein, weil es vielleicht trotz aller therapeutischen Bemühungen nicht gelingt, allen PMS-Symptomen gleichermaßen zu Leibe zu rücken. Dann sollten Sie jedoch wenigstens diejenigen loszuwerden trachten, die für Sie am schlimmsten sind.

Auf den nächsten drei Seiten finden Sie den Vordruck für Ihre persönliche Zyklus-Tabelle.

Ist es wirklich PMS?

Monat:

Zyklus-tag oder Datum	Blutung	Morgen-tempera-tur	Schleim-struktur	Symptom	Symptom	Symptom	Besonder-heiten
1.							
2.							
3.							
4.							
5.							
6.							
7.							
8.							
9.							
10.							
11.							
12.							
13.							
14.							
15.							
16.							
17.							
18.							
19.							
20.							
21.							
22.							
23.							
24.							
25.							
26.							
27.							
28.							
29.							
30.							
31.							
32.							
33.							
34.							
36.							
37.							
38.							

Ist es wirklich PMS?

Monat:

Zyklus-tag oder Datum	Blutung	Morgen-tempera-tur	Schleim-struktur	Symptom	Symptom	Symptom	Besonder-heiten
1.							
2.							
3.							
4.							
5.							
6.							
7.							
8.							
9.							
10.							
11.							
12.							
13.							
14.							
15.							
16.							
17.							
18.							
19.							
20.							
21.							
22.							
23.							
24.							
25.							
26.							
27.							
28.							
29.							
30.							
31.							
32.							
33.							
34.							
36.							
37.							
38.							

Ist es wirklich PMS?

Monat:

Zyklus-tag oder Datum	Blutung	Morgen-tempera-tur	Schleim-struktur	Symptom	Symptom	Symptom	Besonder-heiten
1.							
2.							
3.							
4.							
5.							
6.							
7.							
8.							
9.							
10.							
11.							
12.							
13.							
14.							
15.							
16.							
17.							
18.							
19.							
20.							
21.							
22.							
23.							
24.							
25.							
26.							
27.							
28.							
29.							
30.							
31.							
32.							
33.							
34.							
36.							
37.							
38.							

Ist es wirklich PMS?

Für jeden Zyklus ein neues Blatt

Wenn Sie sich für eine Tabelle entscheiden, die mit Ihrem ersten Zyklustag beginnt und mit Ihrem letzten Zyklustag endet, müssen Sie jeweils eine neue Tabelle anlegen, wenn der erste Tag Ihrer nächsten Blutung gekommen ist. Das kann genau nach 28 Tagen der Fall sein, ist aber durchaus nicht die Regel: Es kann auch 30 oder 32 Tage oder auch nur 27 oder 25 Tage bis zu Ihrer nächsten Blutung dauern. Die Tabellen sind dann entsprechend länger oder kürzer.

Zwischenblutung

Manchmal ist eine Zwischenblutung so stark, daß Sie in Zweifel geraten, ob es sich bereits um Ihre nächste Menstruation handelt oder nicht. Ist sie nach einem, längstens zwei Tagen noch nicht vorbei, betrachten Sie sie sicherheitshalber wie eine Menstruation und beginnen Sie nachträglich mit einer neuen Tabelle (1. Tag: Einsetzen der Blutung).

Wer mehr als drei Beschwerden verspürt, die möglicherweise mit dem Zyklus zusammenhängen, kann in einer eigenen Tabelle natürlich auch mehr als drei Spalten für »Symptome« vorsehen. Ob es wirklich alles PMS-Symptome sind, stellt sich dann nach der Begutachtung der Tabellen über mindestens zwei, besser aber drei Monate (oder länger) heraus.

Farbtafel 3: Hormone der Nebenniere

① Die Nebenniere sitzt wie ein Hut auf der Niere.

② Die Nebenniere besteht aus zwei Schichten: der Rinde und dem Mark.

③ Die Rindenschicht produziert in geringen Mengen Geschlechtshormone.

④ In der Markschicht werden wichtige Hormone für das Nervensystem und den Stoffwechsel gebildet.

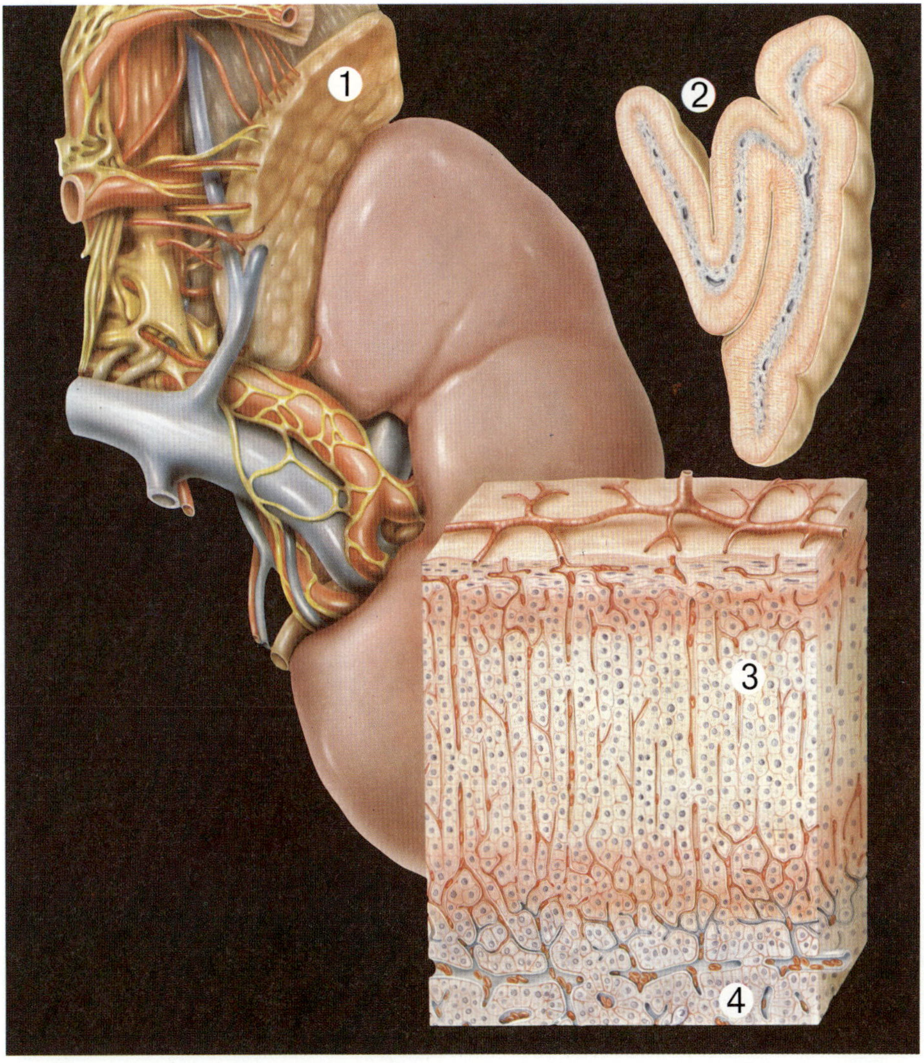

Farbtafel 4: Der Monats-Zyklus

① Eileiter
② Im Eierstock entwickeln sich befruchtungsfähige Eizellen, die nach dem Eisprung vom Flimmer-Trichter des Eileiters aufgefangen werden.
③ Das zurückgebliebene Gewebe der Eizelle bildet das Gelbkörper-Hormon.
④ Die Schleimhaut der Gebärmutter nimmt während jedes neuen Zyklus erheblich an Dicke zu, wird schließlich bei der Periode (Monatsblutung) abgestoßen und dann wieder neu aufgebaut.

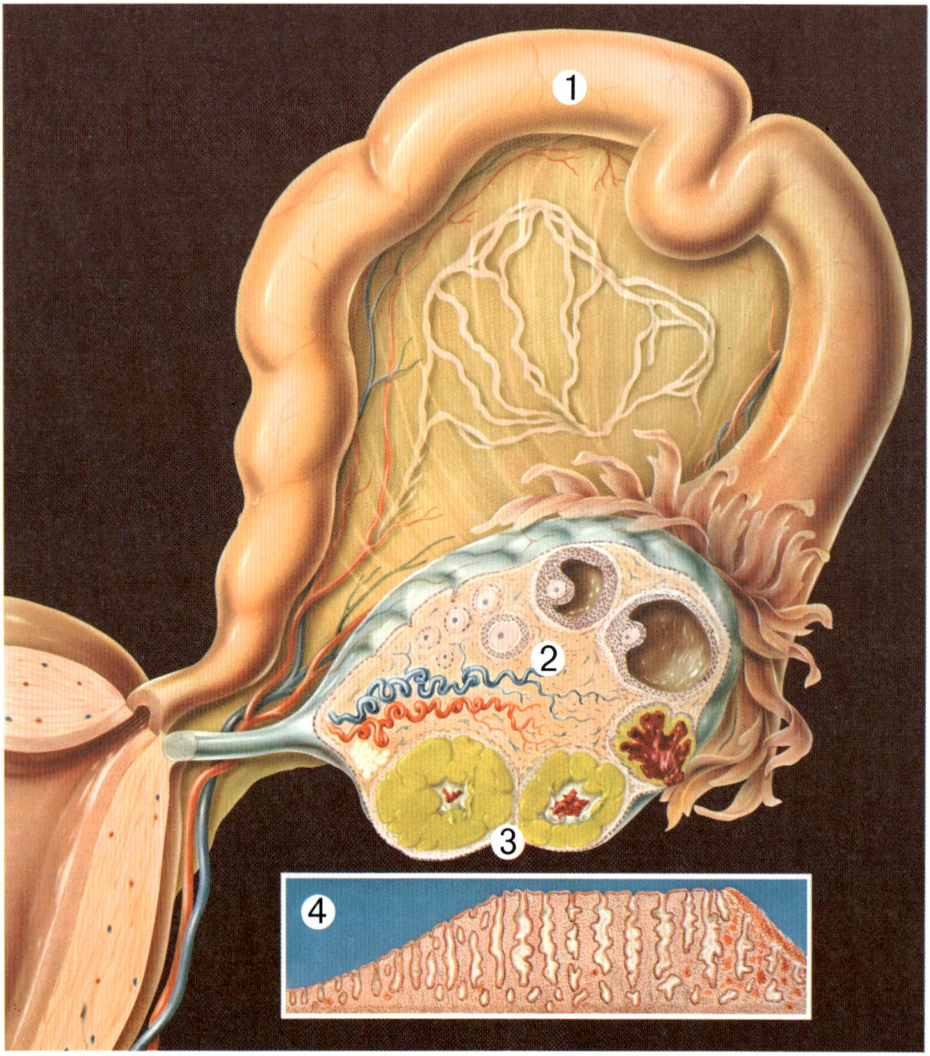

Die PMS-Diagnose

Leiden Sie wirklich unter dem prämenstruellen Syndrom? Ein Blick auf Ihre über mehrere Monate geführten Tabellen kann Ihnen und auch Ihrem Gynäkologen bereits sehr wichtige Aufschlüsse geben. Im Anhang finden Sie die Vordrucke dieser Tabellen, die Ihnen eine planvolle Selbstbeobachtung sehr erleichtern. Als erstes zeigt Ihre Tabellenführung mit ziemlicher Sicherheit, ob Sie in den vergangenen Zyklen einen Eisprung hatten oder nicht, und wann er stattfand.

Tabellen auch für den Arzt hilfreich

Alle Beschwerden/Symptome, die ausschließlich in der Zeit nach dem Eisprung und vor dem Einsetzen der nächsten Menstruation auftauchten, stehen bereits in engem Verdacht, PMS-Symptome zu sein. Der Verdacht verstärkt sich noch, wenn diese Beschwerden/Symptome in allen beobachteten Zyklen oder zumindest in mehreren etwa zur gleichen Zeit aufgetaucht sind.

Dann sollten Sie mit Ihrem Arzt sprechen

Alle Beschwerden, die unregelmäßig über den ganzen Zyklus verteilt sind und mit dem Einsetzen der Menstruation nicht ziemlich rasch aufgehört haben, sind grundsätzlich erst einmal nicht einem PMS zuzuordnen (siehe hierzu Definition des PMS Seite 19). Sollten Ihre Tabellen keinen genauen Hinweis darauf enthalten, ob Sie überhaupt in den aufgezeichneten Zyklen einen Eisprung hatten, sollten Sie sich an Ihren Gynäkologen bzw. Ihre Gynäkologin wenden. Zum einen kann es sein, daß Sie schwanger geworden sind, ohne das bislang bemerkt zu haben (in der Frühschwangerschaft treten gelegentlich noch menstruationsähnliche Blutungen auf!). Zum anderen können bestimmte Scheidenabstriche oder Bluttests zur Feststellung Ihres Hormonstatus gemacht werden. Daran läßt sich ablesen, ob Sie über ausreichende Mengen der jeweils richtigen Hormone verfügen, so daß Ihr Organismus zu einem Eisprung fähig ist, oder ob Ihre Zyklen derzeit eher anovulatorisch, das heißt ohne Ovulation (= Eisprung) verlaufen.

Warum ist der Eisprung wichtig?

Das Vorhandensein (oder Nichtvorhandensein) des Eisprungs festzustellen, ist aus zwei Gründen wichtig: Erstens kann damit festgestellt werden, ob der Zyklus die üblichen beiden Hauptphasen aufweist und damit vermutlich auch die hormonellen Vorgänge in der üblichen Weise ineinandergreifen – zumindest bis zum Eisprung. Zum zweiten läßt sich damit besser herausfinden, in welcher Zyklusphase die beklagten Beschwerden tatsächlich auftreten. Auch eine Frau mit anovulatorischem Zyklus kann natürlich Beschwerden haben, die sonstigen PMS-Beschwerden gleichen. Bei ihr ist jedoch die Wahrscheinlichkeit groß, daß die Symptome verschwinden, sobald ihr Zyklus sich wieder normalisiert hat – zum Beispiel mit Hilfe einer hormonellen Therapie – und es wieder wie üblich zum Eisprung kommt. Dann hatte sie nicht eigentlich PMS, sondern litt unter den Auswirkungen des anovulatorisch verlaufenden Zyklus. Für die Frau mag das auf dasselbe hinauslaufen, Hauptsache, sie muß nicht mehr leiden; für die weitere Behandlung ist diese Unterscheidung aber wichtig.

Auswertung Ihrer Notizen

Falls die Zyklen, die Sie beobachtet haben, einen Eisprung aufweisen, können Sie als nächstes darangehen, die Beschwerden zu sortieren, die Sie aufgeschrieben haben: Haben sie auch in der Zeit Ihrer Menstruation angehalten oder sind dann sogar noch schlimmer geworden? Dann könnte es sein, daß Sie – unabhängig von einem PMS – unter einer Erkrankung leiden, die ärztlich diagnostiziert und behandelt werden muß. Oder sind Ihre Beschwerden – mögen sie körperlicher, geistiger oder seelischer Art sein – jeweils über den ganzen Zyklus verteilt, treten also nicht nur in den letzten 12 bis 16 Tagen vor Ihrer Menstruation auf? Auch dann handelt es sich nicht vorrangig um PMS, sondern um eine andere Störung oder Erkrankung, die korrekt diagnostiziert und gegebenenfalls ärztlich behandelt werden muß.

Nierenprobleme?

So ist es beispielsweise denkbar, daß Sie sich nicht nur kurz vor Ihren Tagen, sondern immer wieder aufgedunsen, voller Ödeme fühlen und Schmerzen in den Gelenken oder im Kopf spüren. In einem solchen Fall müßte überprüft werden, ob Ihre Nieren arbeiten, wie sie sollten: bei Nierenleiden ist die Wasserausscheidung aus den Geweben gehemmt; Schlacken können nicht richtig abgebaut, der Körper kann nicht ordnungsgemäß entgiftet werden. Das verursacht unter anderem Kopf- und Gliederschmerzen.

Hintergrund der Probleme

Oder Sie stellen anhand Ihrer Tabellen fest, daß Sie nicht nur vor der Periode müde, lethargisch, depressiv, schlaflos sind, zu Minderwertigkeitsgefühlen und Tränenausbrüchen neigen. Dahinter kann sich eine sehr ernstzunehmende Depression verbergen – entweder als Reaktion auf ein Ereignis, das Sie sehr mitgenommen hat (reaktive Depression), oder eine sogenannte endogene (= von innen her ausgelöste) Depression, die der medizinischen Behandlung bedarf. Wie man heute annimmt, kann bei endogenen Depressionen der Stoffwechsel im Gehirn durcheinandergeraten sein, weil bestimmte Substanzen fehlen. Für die Therapie stehen heute wirksame Arzneien zur Verfügung. Wenn Sie sich hierüber näher informieren möchten, so finden Sie in Band 8 dieser Ratgeber-Reihe mit dem Titel »Depressionen und Angst – Behandlung, Medikamente, Selbsthilfe« alle wichtigen Zusammenhänge verständlich und nachvollziehbar erklärt.
Dies sind nur wenige Beispiele für sogenannte Differentialdiagnosen: Unterscheidungen, die Ihr Arzt zu treffen hat, wenn Sie bei ihm Hilfe gegen Ihre Beschwerden suchen. Sollten Sie also feststellen, daß Ihre Symptome sich mehr oder weniger über den ganzen Zyklus verteilen und mit der Menstruation zeitlich kaum etwas zu tun haben, und sollte Ihnen Ihre Gesundheit lieb sein, dann gehen Sie am besten unverzüglich zu einem Arzt bzw. einer Ärztin Ihres Vertrauens und lassen Sie sich gründlich untersuchen. Möglicherweise sind Sie ja einer ernsthaf-

ten Gesundheitsstörung auf die Spur gekommen, gegen die sich aber therapeutisch gut etwas unternehmen läßt. Diese Chance sollten Sie auf jeden Fall nutzen.

Jeder hat andere Schwachpunkte

Die eher zufällige Verteilung Ihrer Beschwerden über den ganzen Zyklus sollte Ihnen aber noch aus einem anderen Grund zu denken geben: Was will das Symptom, das Ihnen am meisten zu schaffen macht, zu verstehen geben? Wenn Sie zum Beispiel oft Kopfweh oder Migräne haben, worüber zerbrechen Sie sich so oft den Kopf, ohne eine Lösung zu finden? Was setzt Sie so unter Spannung? Wenn Sie relativ oft gereizt, mürrisch, aggressiv sind: Was macht Sie tiefinnerlich so unzufrieden mit Ihrem Leben, daß Ihnen ständig »der Hut hochgeht«? Wenn Sie häufig an Konzentrationsschwächen leiden: Womit müssen Sie Ihren Geist beschäftigen, wenn Sie doch eigentlich lieber etwas ganz anderes täten? Wenn Ihre Haut häufig »blüht« und sichtlich leidet, was geht Ihnen so unter die Haut, daß Sie am liebsten davor davonliefen? Und wenn Sie oft Schmerzen im Unterleib haben, was bewirkt, daß Sie sich in Ihrer Rolle als Frau oft gar nicht wohl oder sogar verletzt fühlen?
Jede Frau, jeder Mann wird mit körperlichen und seelischen Stärken und Schwächen geboren. Sie liegen bei jedem Individuum woanders. Es gibt »Magen-Typen«, die auf Streß mit Magenbeschwerden und -geschwüren reagieren; andere haben es dann mit dem Herzen zu tun, wieder andere bekommen Kopfweh, Nieren-

schmerzen oder Atemnot. Wenn die Seele zu stark belastet wird, reagiert der Körper darauf vorzugsweise zuerst an seiner schwächsten Stelle. Solche Beschwerden wollen Ihnen signalisieren: Hier läuft etwas grundsätzlich schief. Hier ist mir etwas zuviel; hier muß ich etwas (mein Leben, meine Situation, meine Umgebung, meine Ansprüche an mich oder andere) ändern.

Gezieltes Nachdenken

Überlegen Sie sich auch das ganz genau, wenn Sie über Ihre Beschwerden und deren möglichen Anlässe nachdenken. Sie brauchen dann nämlich wahrscheinlich keine hormonelle oder sonstige PMS-Behandlung, sondern etwas ganz anderes: einige wichtige Veränderungen in Ihrem Leben, damit Sie ausgeglichener und zufriedener sein können und nicht mehr ständig mit Erkrankungen auf Ihre Lebensbedingungen reagieren müssen.

Dies alles gilt für Frauen, die beim Betrachten ihrer Zyklus-Tabellen festgestellt haben: Wahrscheinlich habe ich doch kein PMS. Aber es gilt natürlich auch für diejenigen, deren Beschwerden eindeutig PMS-Charakter haben, weil sie mit unguter Regelmäßigkeit in der Zeit zwischen Eisprung und Menstruation aufzutreten pflegen. (Dabei spielt es keine Rolle, ob das nur ein paar Stunden, ein paar Tage oder gar die ganze Zeit dieser Zyklusphase umfaßt.) Auch diese Frauen reagieren auf eine Störung zunächst dort, wo ihr Körper am empfindlichsten ist bzw. wo sie seelisch am leichtesten aus dem Gleichgewicht zu bringen sind. Fast könnte man es so formulieren: Die Art der PMS-Symptome, die eine Frau entwickelt, geben auch Aufschluß darüber, welcher Persönlichkeitstyp sie ist und welche Schwachstellen sie besitzt. Das ist keineswegs abwertend gemeint: Jede Frau hat ein Recht, so zu sein, wie sie ist. Die Kenntnis solcher Zusammenhänge kann lediglich dazu beitragen, daß sie rascher und besser Hilfe findet und selbst besser lernt, mit ihren PMS-Symptomen und deren Auslösern umzugehen.

Zusammenhänge herausfinden

Mögliche PMS-Ursachen

Viele Ursachen und Auslöser

Wie schon gesagt: PMS hat viele Ursachen und Auslöser. Keine *einzige* Ursache trifft auf *alle* Frauen zu, die unter PMS leiden. Deshalb gibt es auch keine einzige Behandlungsform, die ausnahmslos allen PMS-Patientinnen helfen könnte. Das zumindest ist in allen wissenschaftlichen Studien zum prämenstruellen Syndrom und seinen möglichen Therapien bislang einwandfrei festgestellt worden. Seitdem die britische Ärztin Katherin Dalton in den fünfziger Jahren erstmals systematisch das PMS erforschte und ihre Ergebnisse in der Fachpresse veröffentlichte, machte die Wissenschaft keine großen Fortschritte. Immer wieder entstanden neue Theorien über mögliche Ursachen des PMS. Manche mußten wieder fallengelassen werden, sobald sich durch neuere Forschungen herausstellte, daß sie wissenschaftlich nicht haltbar waren. Andere Theorien konnten zwar bislang noch nicht ganz schlüssig bewiesen, aber auch nicht widerlegt werden – und Behandlungserfolge gaben denen, die sie vertraten, zumindest teilweise recht. Manche Annahmen über PMS-Ursachen basieren weniger auf streng wissenschaftlicher Forschung an zahlreichen Patientinnen und entsprechend großen Kontrollgruppen als auf jahre- bis jahrzehntelang gesammelten Einzelerfahrungen. Dabei wurde dann zum Beispiel eine bestimmte Ernährungsumstellung empfohlen oder ein Naturheilmittel als wirksam beobachtet.

Zahlreiche Theorien

Progesteron

Hormon-Therapie

Was sicher viele Frauen verwundern dürfte, die mit ihren PMS-Problemen ärztliche Hilfe suchen: Eine hormonelle Therapie bekommen sie durchaus nicht immer als erstes – und manchmal überhaupt nicht – verschrieben. Denn auch wenn das zyklische Geschehen selbst für das Entstehen des PMS eine unabdingbare Rolle spielt: ein Mangel oder Überschuß an bestimmten Hormonen in bestimmten Zyklusphasen, also eine echte Hormonstörung, ist längst nicht so oft als PMS-Ursache zu ermitteln, wie man früher glaubte und manche Ärzte auch heute noch annehmen. Auch das geht aus vielen wissenschaftlichen Studien hervor, die sich eingehend mit der hormonellen Situation von PMS-Patientinnen beschäftigt haben.

Beispiel Schwangerschaft

Dazu ein Beispiel: Die mit PMS zusammenhängenden mannigfaltigen Beschwerden verschwanden in der Schwangerschaft völlig. Könnte außer der psychischen Umstellung auch der veränderte Hormonhaushalt dafür verantwortlich sein? Was ist bei einer schwangeren Frau hormonell anders als bei einer nicht schwangeren Frau? Die Antwort: vor allem das Hormon Progesteron. Bei nicht schwangeren Frauen wird es in der Zeit zwischen Eisprung und Menstruation vom Gelbkörper gebildet (siehe hierzu ab Seite 30). Bei schwanger gewordenen Frauen hört die Produktion dieses Gelbkörperhormons nicht mit dem Einsetzen der nächsten Blutung auf – sie haben dann (meistens) keine mehr –, sondern steigt im Gegenteil weiter an: Progesteron »beschützt« die Schwangerschaft. Ab dem dritten Monat übernimmt der Mutterkuchen (die Plazenta) die Progesteron-Produktion. So wird sichergestellt, daß die schwangere Frau stets genügend von diesem wichtigen Hormon bildet.

Ursache: Progesteron-Mangel?

Könnte es sein, fragte sich Dr. Dalton, daß PMS-Patientinnen in ihrer zweiten Zyklusphase zu wenig von diesem Hormon bilden und daher ihre Beschwerden rühren? Zunächst verordnete sie sich selbst, dann auch ihren Patientinnen mit PMS-Beschwerden in der »kritischen Phase« Progesteron. Und tatsächlich hatte sie mit dieser Therapie Erfolg: Viele – wenn auch nicht alle – PMS-Patientinnen fühlten sich durch diese Behandlung erheblich besser; bei manchen – wenn auch nicht allen – verschwanden die prämenstruellen Beschwerden sogar ganz und dauerhaft.

Unterschiedliche Forschungsergebnisse

Allerdings stellte sich später in Studien anderer Wissenschaftler heraus, daß sich im Blut vieler Frauen keinerlei Progesteron-Mangel nachweisen ließ – obwohl auch diese Frauen über heftige PMS-Probleme klagten. Ja, es gab sogar Frauen, die offenbar zuviel Progesteron produzierten. Und es gab Frauen, bei denen sich im Vergleich zu Gesunden (ohne PMS) keinerlei hormoneller Unterschied feststellen ließ. Dr. Dalton machte als erstes auf einen möglichen Progesteron-Mangel beim PMS-Syndrom aufmerksam und empfahl den Versuch der Behandlung mit geringeren Dosen dieses Hormons.

Prolaktin

Ursache: Prolaktin-Überschuß?

Auch weitere Hormone sind bereits in den Verdacht geraten, ursächlich für PMS verantwortlich zu sein. So etwa das Prolaktin, das die Milchbildung der Schwangeren anregen soll und auch von Nicht-Schwangeren in jedem Zyklus gebildet wird (siehe hierzu noch einmal Seite 37). Produziert die Frau in der zweiten Zyklusphase zu viel Prolaktin, schwellen unter Umständen ihre Brüste zu stark an und beginnen zu schmerzen; auch Wassereinlagerungen können dadurch verstärkt werden. Außerdem – und das ist vielleicht noch wichtiger – wirken größere Mengen Prolaktin sozusagen als Hemmschuh für die Östrogene und das Progesteron: Je mehr Prolaktin in der Hirnanhangdrüse gebildet wird, desto weniger Östrogene und Progesteron werden ausgeschüttet. Dann kann es vorkommen, daß der Frau in der zweiten Zyklusphase zu wenig dieser Hormone zur Verfügung stehen und sie auf dieses Ungleichgewicht in ihrem Hormonhaushalt mit den typischen PMS-Beschwerden reagiert.

Allerdings hat auch diese scheinbar einleuchtende Erklärung mehrere »Haken«: Es stellte sich nämlich heraus, daß Frauen, denen man aus anderen Gründen größere Mengen Prolaktin zuführte, keineswegs automatisch prämenstruelle Beschwerden bekamen. Und bei vielen Frauen mit PMS ist der Prolaktinspiegel entweder unverändert (im Vergleich zu Gesunden) oder sogar eher zu niedrig.

Stark erhöhter Prolaktin-Wert

Außerdem weiß man heute, daß ein stark erhöhter Prolaktinwert nicht selten auf eine Erkrankung hindeutet: etwa auf bestimmte Leber- oder Nierenerkrankungen, auf eine Geschwulst in der Hirnanhangdrüse oder auf eine Störung der Schilddrüsenfunktion. Diese (bis dahin oft unerkannten) Krankheiten können sich während der zweiten Zyklusphase verschlimmern. Und dann spürt die Frau Beschwerden, die sie fälschlich einem PMS zuordnet, obwohl sie von ihrer Grundkrankheit herrühren: etwa vermehrte Wassereinlagerungen und Kopfschmerzen (beides kann von einer Nierenerkrankung kommen), Übelkeit, starke Müdigkeit (das kann durch eine Lebererkrankung bedingt sein), Nervosität, Schlaflosigkeit, Gereiztheit (das kann mit einer Schilddrüsen-Überfunktion zu tun haben) oder Lustlosigkeit, Konzentrationsschwäche, mangelndes sexuelles Interesse (das kann durch eine Schilddrüsen-Unterfunktion verursacht sein).

Mögliche Ursachen

Eine solche Unterscheidung (medizinisch: Differentialdiagnose) kann natürlich nur ein Arzt treffen. Und es kann auch passieren, daß die betreffende Frau zuerst einen oder mehrere Ärzte konsultiert, die auf ihrem Spezialgebiet nach der Ursache der Beschwerden suchen – ohne allerdings fündig zu werden. Die Frau wird ihre prämenstruell verstärkt auftretenden Beschwerden erst los, wenn schließlich ein Endokrinologe (Facharzt, der sich speziell mit Drüsenfunktionen und Hormonen befaßt) erkennt, was wirklich Krankheitsursachen ist,

Nebenwirkung von Arzneimitteln?

und die richtige Therapie einleitet. Weiterhin wichtig zu wissen: Ein Zuviel an Prolaktin kann auch durch die Einnahme bestimmter Medikamente hervorgerufen werden, zum Beispiel durch bestimmte Psychopharmaka, durch Antihistamine (das sind Mittel gegen allergische Symptome) sowie durch Medikamente gegen erhöhten Blutdruck. Frauen, die solche Arzneien einnehmen (müssen), sollten mit ihrem Arzt darüber sprechen, ob es für sie auch andere Medikamente ohne diese unerwünschte Nebenwirkung gibt. Denn möglicherweise werden sie ihr »PMS« bereits dadurch los, daß sie ihr Präparat wechseln (oder es sogar ganz weglassen können, zum Beispiel Psychopharmaka).

Östrogen/Progesteron

Zu wenig Östrogen?

In der ersten Zyklusphase produziert der weibliche Organismus verstärkt Östrogene (siehe hierzu ab Seite 26). Nach dem Eisprung fällt die Östrogen-Konzentration im Blut natürlicherweise recht stark ab; das Progesteron tritt in den Vordergrund. Dieser Östrogenabfall bedeutet zunächst einmal keinen Östrogen-»Mangel«: Der weibliche Körper hat dann prinzipiell erst einmal genau so viel – oder eben genau so wenig – Östrogene, wie er für das normale Funktionieren braucht. Für manche Frauen mit starkem PMS, beispielsweise heftigen Kopfschmerzen vor der Menstruation, kann diese Menge jedoch tatsächlich »zu wenig« sein, argwöhnen Hormonforscher. Der Organismus dieser Frauen, meinen sie, reagiere besonders empfindlich auf den Östrogenabfall.

Eine weitere Theorie lautet: Im Vergleich zur Östrogenmenge ist nach dem Eisprung relativ viel Progesteron vorhanden. Möglicherweise reagieren manche Frauen auf dieses »Übergewicht« des Progesterons empfindlich und benötigen mehr Östrogene, als sie normalerweise produzieren, um ihn etwas auszugleichen.
Einer anderen Theorie zufolge kann das Progesteron bei manchen PMS-Patientinnen nicht die Aufgabe erfüllen, die es eigentlich hätte: nämlich dafür zu sorgen, daß die Östrogene nach dem Eisprung den Organismus nur noch wenig beeinflussen. Ob das an einem echten Progesteron-Mangel liegt (dann würde der Gelbkörper

Noch viele Fragen offen

zu wenig dieses Hormons bilden) oder ob das vorhandene Progesteron einfach nicht richtig funktioniert (aus ungeklärten Gründen), kann jedoch oft nicht genau entschieden werden.
Zu jeder dieser Theorien sind verschiedene Studien an Frauen mit und ohne PMS durchgeführt worden. Keine Theorie ist danach ganz von der Hand zu weisen, keine ist aber auch zutreffend für alle – oder auch nur einen Großteil aller – PMS-Patientinnen. Das bedeutet: Auf dem Gebiet der weiblichen Hormone und ihres komplizierten Zusammenspiels hat die Wissenschaft noch längst nicht alles ausgeforscht.

Hormontests für die PMS-Diagnose

Gewissenhafte Ärzte und Ärztinnen werden in aller Regel Hormontests vornehmen, bevor sie einer PMS-Patientin eine Hormontherapie verschreiben. Damit der Hormonstatus (= die hormonelle Situation) einer Frau erhoben werden kann, genügt es nicht, ihr nur einmal eine Gewebe- oder auch Blutprobe abzunehmen und diese im Labor zu untersuchen. Ein eventuell vorhandener Hormonmangel oder ein Hormonüberschuß bzw. ein gestörtes Gleichgewicht der Hormone zueinander in einer bestimmten Zyklusphase ist nicht durch einmaliges Messen feststellbar. Es müssen vielmehr mehrere Scheidenabstriche oder zusätzlich auch Blut- und Urintests gemacht werden, denn ein einziger, vielleicht nur zufällig gerade besonders hoher oder besonders niedriger Wert reicht für eine genaue Diagnose nicht aus.

Mehrere Tests notwendig

Wie schon gesagt, reagiert das hormonelle System relativ empfindlich auf viele äußere Faktoren wie etwa Streß, Überlastung, Anspannung (zum Beispiel eine stressige Fahrt durch den morgendlichen Berufsverkehr). Es kann bereits ausreichen, daß eine Frau sich davor fürchtet, vom Arzt möglicherweise eine »schlimme Krankheit« diagnostiziert zu bekommen – und schon verändert ihre Angst die Hormonausschüttung. Hinzu kommt, daß die verschiedenen Hormone zu verschiedenen Tageszeiten in unterschiedlicher Höhe produziert werden. Deshalb müssen die Tests möglichst immer zur

Tageszeit wichtig

etwa gleichen Tageszeit erfolgen: Werte, die mal morgens und mal spätnachmittags gewonnen werden, sind weniger aussagekräftig. Diagnostisch interessant sind also lediglich mehrere Messungen an mehreren Tagen (meist ab dem Eisprung, also in der zweiten Zyklusphase), immer zur gleichen Tageszeit. Das sollte die Frau wissen, die wegen PMS zum Arzt geht und sich entsprechend viel Zeit für die eventuell nötigen Praxisbesuche nimmt.

Scheidenabstrich

Meistens wird ein (völlig schmerzloser) Scheidenabstrich gemacht: Der Arzt nimmt mit einem kleinen Spatel ein wenig von der Scheidenschleimhaut ab; diese Zellen werden dann im Labor speziell behandelt, gefärbt (nach Papanicolaou) und untersucht.

Endometriose

Ursachen bekannt

Mindestens 5% aller PMS-Patientinnen – wahrscheinlich sogar noch mehr – haben nur deshalb so starke prämenstruelle Beschwerden, weil sie an einer ganz speziellen Erkrankung leiden: der sogenannten Endometriose. Sie gilt als eine der eigenartigsten Krankheiten in der ganzen Frauenheilkunde und macht den Gynäkologen großes Kopfzerbrechen, weil ihre Ursachen unbekannt sind und ihre Diagnose relativ schwer zu stellen ist. Das Wort Endometriose leitet sich ab vom lateinischen Begriff Endometrium = Gebärmutterschleimhaut. Normalerweise bedeutet die Endung »-ose« bei einem medizinischen Fachausdruck, daß es sich hierbei um eine nicht-entzündliche Störung in dem betreffenden Gebiet oder Organ handelt.

Am falschen Ort

Hier beginnen jedoch bereits die Seltsamkeiten: Endometriose bedeutet nicht, daß etwa die Gebärmutterschleimhaut krank wäre oder eine Funktionsstörung hätte. Nein, die Schleimhaut, die den Uterus auskleidet, ist bei Frauen mit Endometriose ganz in Ordnung. Aber: Sie hat sich außerdem noch an Stellen ausgebreitet, an die sie ganz und gar nicht gehört. Zum Beispiel ist sie in die Eileiter gelangt, in die Eierstöcke, in die Scheide oder in die äußere Umgebung der Gebärmutter. Oder kleine Schleimhaut-Inseln sitzen relativ weit von der Gebärmutter entfernt – etwa unter der Bauchdecke, in der Bauchhöhle, in der Blase, im Darm, manchmal sogar in weiter wegliegenden Muskeln, in Gelenken oder in der Lunge. Schließlich gibt es auch noch eine Wucherung der Schleimhaut innerhalb der Gebärmutterwand. Wie kommt die Gebärmutterschleimhaut an solche ganz unüblichen Stellen, und was veranlaßt sie, dort unbotsmäßig zu wachsen und zu wuchern? Diese Fragen sind trotz aller Bemühungen der Medizin noch längst nicht hinreichend geklärt. Manche Wissenschaftler nehmen an, daß sich bei diesen Frauen schon bei der Entwicklung im Mutterleib Anlagen für die versprengte Schleimhaut (aus ungeklärtem Grund) zu diesem Zeitpunkt bilden. Sie bleiben dann unbemerkt, bis das Mädchen in der Pubertät zur Frau heranreift. Dann wachsen auch diese Schleimhaut-Inseln mit und verursachen allmonatlich Beschwerden.

Vererbte Anlagen?

Eine andere, weithin akzeptierte Theorie besagt, daß sich bei diesen Frauen (ebenfalls aus ungeklärtem Grund) irgendwann einige Zellen der Gebärmutterschleimhaut von ihrem ursprünglichen Entstehungsort losgerissen haben und später nicht mit der Menstruation ausgeschieden worden sind, sondern lebensfähig blieben. Sie gelangten in Blutgefäße (manche glauben auch in Lymphgefäße) und wurden vom Flüssigkeitsstrom fortgeschwemmt, bis sie an einer anderen Körperstelle »abgesetzt« wurden. Dort setzten sich die Schleimhautzellen im Gewebe fest, teilten sich und wuchsen zu kleinen »Inseln«, gutartigen Wucherungen, heran.

Versprengte Gebärmutterzellen?

Auch diese Schleimhaut-Inseln reagieren, genau wie die normale Schleimhaut in der Gebärmutter, auf alle hormonellen »Botschaften« und »Befehle«, die von der Hirnanhangdrüse auf dem Blutweg zu den Eierstöcken und von dort zur Gebärmutter gesandt werden. Sie machen also den gesamten Monatszyklus der Frau mit. Wie jede ordentliche Gebärmutterschleimhaut-Zelle »weiß«, muß sie sich unter dem Einfluß der Hormone verändern, muß wachsen und sich verdicken, Nährstoffe für das eventuell befruchtete Ei bereithalten, dann unter dem Einfluß von Progesteron zu wachsen aufhören und schließlich, wenn kein Ei sich einnistet, wieder zerfallen und bei der Menstruation nach außen abtransportiert werden.

Probleme mit der Umgebung

All diese Veränderungen macht auch die versprengte Gebärmutterschleimhaut mit. Anders als ihre »Stamm-Zellen« im Uterus selbst haben die sich irgendwo im Körper befindlichen Inseln dafür aber gar keinen Platz! Sie drücken auf andere Gewebe, wenn sie in der zweiten Zyklusphase auf einmal zu wachsen und dicker zu werden beginnen; und wenn sie zum Zeitpunkt der Menstruation eigentlich aufplatzen und abbluten sollen, finden sie dafür nicht den nötigen Raum vor.

Die versprengte Schleimhaut bildet sich während der Menstruation zurück, kann aber auch in die Umgebung hineinbluten, so daß Verwachsungen der Umgebung entstehen. Meistens hören die Beschwerden unmittelbar nach Einsetzen der Menstruation auf.

Während einer Schwangerschaft verschwinden diese Beschwerden stets »wie durch ein Wunder« (auch das haben sie mit anderen PMS-Formen gemeinsam). Allerdings – und das ist für den Arzt ein wichtiges diagnostisches Zeichen – versuchen viele Frauen, die unerkannt unter Endometriose leiden, oft jahrelang vergeblich, überhaupt schwanger zu werden. Versprengte Schleimhaut-Inseln können sich an den Eierstöcken festgesetzt haben und sie in ihrer Funktion behindern, oder sie können einen oder beide Eileiter so blockieren, daß Eizelle und Samen nicht zusammenfinden.

Dann lassen die Beschwerden nach

Wenn eine Frau sich langsam dem Wechsel (Klimakterium) nähert, ihre Östrogenproduktion allmählich nachläßt, jedesmal ein bißchen weniger und schließlich auch seltener abblutet, lassen die Endometriose-Beschwerden nach. Denn auch die Inseln wachsen dann unter dem verminderten Östrogeneinfluß weniger. Nach der Menopause, wie die letzte Monatsblutung im Leben der Frau medizinisch heißt, hört die Endometriose ganz auf.

Krebsangst

Manchmal kann eine Endometriose nicht nur große Schmerzen bereiten, sondern die unter ihr Leidenden auch in Angst und Schrecken versetzen: dann nämlich, wenn sich die versprengte Schleimhaut im Blasen- oder Darmbereich befindet und Blutungen verursacht. Bei der dann fälligen Operation werden sie gelegentlich als »bösartige Wucherung« mißdeutet. Bösartig, also krebsig, wird eine Endometriose jedoch äußerst selten. Angst vor Krebs braucht also keine Frau zu haben, der die Diagnose »Endometriose« gestellt wird.

Diagnose oft sehr schwierig

Der Leidensweg vieler Frauen mit Endometriose ist lang, denn die auftretenden Symptome sind selten so auffällig und charakteristisch, daß der behandelnde Arzt sofort an diese Krankheit denkt. Meist wird erst mit verschiedenen anderen Mitteln gegen das vermeintliche »PMS« vorgegangen, die jedoch alle nichts oder nur wenig helfen.

Die Diagnose »Endometriose« im Bauchraum kann nur mit Hilfe einer Bauchspiegelung sichergestellt werden. Dazu wird ein sogenanntes Pelviskop verwendet, ein Instrument mit Spiegel-Optik, durch das der Arzt die Bauchhöhle absuchen und die versprengten Schleimhaut-Inseln erspähen kann. (Im Kapitel »Ärztliche Hilfen« ab Seite 169 wird näher auf mögliche Behandlungsformen eingegangen.)

Enzym-Mangel
Essentielle Fettsäuren
Prostaglandine

Was haben Fettsäuren mit PMS zu tun?

Anfang der Achtziger Jahre wies die amerikanische Ärztin Dr. med. Caroline Shreeve erstmals darauf hin, daß ihres Erachtens etwas mit dem Stoffwechsel von Frauen nicht stimmt, die unter PMS leiden: Häufig fehlen ihrem Organismus die sogenannten essentiellen Fettsäuren, auch mehrfach ungesättigte Fettsäuren genannt. Für unsere Gesundheit, so haben Ernährungswissenschaftler herausgefunden, sind mehrfach ungesättigte Fettsäuren unentbehrlich, da sie für den Aufbau von Körperzellen, für den Abbau von Schadstoffen und für das gute Funktionieren des Stoffwechsels gebraucht werden. Wenn wir zuviel gesättigte und zuwenig ungesättigte Fettsäuren mit der (falsch zusammengestellten) Nahrung aufnehmen, erhöhen wir damit unseren Cholesterinspiegel, unseren Blutdruck, unser Risiko für Herzinfarkt und Schlaganfall. Bei Frauen, so meint Dr. Shreeve, kommt außerdem hinzu: zu wenig essentielle Fettsäuren steigern ihr Risiko, PMS-Beschwerden zu entwickeln.

Wichtige Linolsäure

Die wichtigste essentielle Fettsäure, die dabei ins Auge gefaßt werden muß, ist die Linolsäure. Sie bildet nämlich den Ausgangsstoff für eine Reihe von Substanzen, die für den menschlichen Stoffwechsel sehr wichtig sind – unter anderem bestimmte Sorten von Prostaglandinen. Auf Seite 42 war bereits hiervon die Rede.

Der weibliche wie der männliche Körper bilden die verschiedensten Arten von Prostaglandinen, die fein abgestimmt zusammenwirken müssen, damit die unterschiedlichsten Lebensabläufe richtig koordiniert werden. Dieses Gleichgewicht wird gestört, wenn die eine oder andere Sorte von Prostaglandinen die Oberhand gewinnt – entweder, weil zuviel von ihnen produziert wurde, oder weil die anderen Prostaglandin-Formen nicht ordnungsgemäß funktionieren können und ihre ausgleichende Wirkung deshalb zu schwach ist.

Zurück zur Linolsäure: Sie bildet eine biochemische Vorstufe der Prostaglandingruppen E1 und E3.

Mangel an Linolsäure

Fehlt nun die Linolsäure im Nahrungsangebot oder kann sie vom Körper nicht richtig nutzbar gemacht, also in die Prostaglandine E1 und E3 umgewandelt werden, tritt sofort eine andere Prostaglandin-Gruppe (E2) auf den Plan und stört die Harmonie. Die Folge davon nach Dr. Shreeve: Da deren Wirkungen überwiegen, können sich eine Reihe von Beschwerden einstellen, die schließlich in einem ausgeprägten prämenstruellen Syndrom gipfeln.

Professor Dr. med. Lindahl aus Linköping/Schweden stellte dazu in einem Forschungsbericht 1987 in München noch eine weitere interessante Behauptung auf: Seines Erachtens ist möglicherweise vor allem ein bestimmter Enzym-Mangel daran schuld, wenn Frauen PMS entwickeln. Haben Sie nämlich nicht genügend von diesem Enzym, kann auch nicht genügend

PMS durch Enzymmangel?

Linolsäure »verstoffwechselt«, also in Prostaglandine umgewandelt werden. Ein solcher Enzym-Mangel, so meint Professor Dr. Lindahl, kann angeboren (eventuell sogar erblich) sein. Er kann aber auch später im Leben eintreten, beispielsweise wenn der Frau bestimmte Vitamine, Mineralstoffe und Spurenelemente fehlen. (Zur Vitamin-Situation bei PMS siehe ab Seite 123.)

Professor Dr. Lindahl ergänzt mit dieser Theorie, was Dr. Shreeve bereits beobachtet hatte: Nicht allen Frauen mit PMS hilft es, wenn sie vermehrt Linolsäure zu sich nehmen (zum Beispiel mehr pflanzliche, weniger tierische Fette essen). Der Enzym-Mangel wäre eine Erklärung dafür, weshalb das nichts nützt. (Weitere Therapiemöglichkeiten werden ab Seite 139 und ab Seite 199 vorgestellt.)

Vitamine

Vitamine = Lebensstoffe

Vitamine sind, wie ihr lateinischer Name ausdrückt, Lebensstoffe. Nur Vitamin D wird vom Körper selbst gebildet (unter Einwirkung von Sonnenlicht auf die Haut), alle anderen müssen dem Organismus mit der Nahrung zugeführt werden.

Mangel an Vitaminen B, C, E?

Für Frauen mit PMS scheinen bestimmte Vitamine noch bedeutsamer zu sein: eine ganze Reihe von wissenschaftlichen Studien legt den Schluß nahe, daß PMS-Leidende ganz besonders gut mit Vitaminen der B-Gruppe – vor allem Vitamin B6 –, aber auch mit Vitamin C und Vitamin E versorgt werden müssen, damit ihre Beschwerden abklingen.

Fehlen die genannten Vitamine, gibt es charakteristische Mangelerscheinungen. Bei Vitamin-B3-Mangel wird die Haut erheblich anfälliger für Akne und entzündliche Hautleiden; Magen-Darm-Störungen sowie Nervenstörungen – psychisch wie körperlich – können sich einstellen. Bei Vitamin-B6-Mangel können Krämpfe auftreten; die Haut wird blaß und schuppt sich mitunter; fehlt es in der Schwangerschaft, kann eine Schwangerschaftsvergiftung (Gestose) davon begünstigt werden. Im Zusammenhang mit PMS sind viele Wissenschaftler heute der Ansicht, Vitamin B6 fördere die Bildung bestimmter Botenstoffe im Gehirn, die ihrerseits wieder dazu benötigt werden, daß die Hirnanhangdrüse »erfährt«, wieviel des Hormons Prolaktin sie im Zyklusverlauf ausschütten soll. Fehlt Vitamin

B6, werden dieser Theorie zufolge zuwenig Botenstoffe gebildet, und die Hirnanhangdrüse produziert Prolaktin im Überschuß. Das kann – wie schon auf Seite 61 angedeutet – zu Ödemen und Brustbeschwerden führen.
Genau wie andere Mangelerscheinungen auch, die durch falsche, einseitige oder zu geringfügige Ernährung (etwa bei strengem Diäthalten) hervorgerufen werden, wirkt sich ein Vitamin-Mangel natürlich nicht nur prämenstruell, sondern während der ganzen Mangel-Zeit aus. Er kann jedoch durchaus zyklusabhängig verschlimmernd wirken und die Neigung zu prämenstruellen Beschwerden verstärken bzw. sogar erst auslösen.

Mineralstoffe

Auch Mineralstoffe sind bereits in den Verdacht geraten, etwas mit dem Auftreten von PMS zu tun zu haben. Insbesondere geht es dabei um die Substanzen Kalium, Natrium (bzw. Kochsalz), Kalzium und Magnesium. Kalium ist in jeder einzelnen Körperzelle enthalten und wirkt entquellend, fördert also die Ausscheidungsvorgänge und hilft, Wasseransammlungen im Körper zu verhüten. Natrium hingegen wirkt wasserbindend und verhindert, daß Körperzellen austrocknen können. Ein gesundes Gleichgewicht dieser beiden »Gegenspieler« ist notwendig, damit alle Nerven- und Muskelzellen gut funktionieren können. Frauen, die sich zu salzreich ernähren, erschweren ihren Nieren die notwendige Ausscheidungsarbeit und lagern zuviel Wasser in ihrem Körper ein: Das kann sich prämenstruell besonders unangenehm bemerkbar machen. Aber auch eine besonders kaliumarme Ernährung kann dazu führen, daß das Natrium im Organismus das Übergewicht bekommt und der Wasserhaushalt beeinträchtigt wird. Kaliummangel ruft zudem Müdigkeit hervor – ein Symptom, über das viele Frauen mit PMS klagen.

Gleichgewicht der Mineralstoffe

Kalzium ist wichtig für den Knochenaufbau; es hemmt Entzündungen und allergische Reaktionen und dichtet die Gefäße ab. Magnesium ist notwendig für die normale Funktion des Nervensystems und der Muskeln. Auch diese beiden Mineralstoffe müssen in einem ausgewogenen Verhältnis zueinander im Körper vorhanden sein. Fehlt Magnesium, können sich Händezittern und Krämpfe (auch der Gebärmutter) einstellen; die Bewegungen sind schlechter zu koordinieren. Fehlt Kalzium, werden Knochen und Muskeln nicht richtig ernährt; Wassereinlagerungen können sich verstärken; der Organismus – auch der Haut! – wird anfälliger für entzündliche und allergische Prozesse. Das gilt für die gesamte Mangel-Zeit, kann aber die Symptome von Frauen mit PMS noch unliebsam verstärken. (Über mögliche Gegenmaßnahmen wird ab Seite 141 berichtet.)

Im vorangegangenen Kapitel war vor allem von den körperlichen Zusammenhängen und möglichen PMS-Ursachen die Rede. Doch sie allein reichen noch lange nicht aus, das Phänomen »prämenstruelles Syndrom« mit seinen vielfältigen, sehr individuellen Beschwerdebildern zu erklären. So weiß man zum Beispiel noch längst nicht ausreichend zu erklären: Wieso reagiert die eine Frau so empfindlich, wenn sich der Wasserhaushalt ihres Körpers während der zweiten Zyklusphase – vielleicht sogar nur ein wenig – verändert, und wieso nimmt eine andere das gleiche ganz gelassen hin (und hat dann auch weniger Beschwerden)?

Offene Fragen

Wieso haben manche Frauen nur in bestimmten Phasen ihres Lebens PMS-Probleme, in anderen nicht?

Wieso bleiben etwa zwischen 20 und 80% aller Frauen ihr Leben lang vom PMS verschont oder empfinden es nicht als belastend, sondern höchstens ein bißchen lästig?

Wieso plagt sich die eine, als litte sie unter einer wirklich schweren Erkrankung, während die andere scheinbar »ungeschoren« davonkommt?

Einfluß der Psyche

Im Kapitel über den weiblichen Monatszyklus war bereits die Rede davon, daß die Seele (Psyche) jegliches körperliche Geschehen mitbeeinflußt. Im folgenden sollen einige der psychischen Bedingtheiten, Verletzungen, Widersprüche, Belastungen aufgezeigt werden, die dazu führen können, daß eine Frau unter prämenstruellen Beschwerden leidet.

Kinderwunsch

Ganz gleichgültig, wie die Rolle der Frau im einzelnen in einer Kultur oder Gesellschaftsschicht geprägt und bestimmt sein mag: Ihre Fähigkeit, neues Leben zu gebären, wird dabei immer mehr oder weniger stark mit einbezogen sein.

Heute haben sich Frauen ihr Recht auf Ausbildung, auf Berufstätigkeit erkämpft, und sie haben wirksame Empfängnisverhütungsmittel zur Verfügung. Das bedeutet: Frauen können heute zwar ein Leben ohne (eigene) Kinder wählen, wenn sie das für richtiger halten, ohne deswegen in der Gesellschaft verfemt zu sein. Andererseits haben die meisten Frauen zu irgendeiner Zeit in ihrem Leben den Wunsch nach Kindern – und würden ihn sich gern erfüllen, wenn ihm keine »Wenns und Abers« entgegenstünden. Doch so glatt und einfach liegen die Dinge meistens nicht. Ebenso wichtig ist für sie nämlich, zuerst eine Ausbildung zu beenden, zuerst eine gewisse Berufserfahrung zu gewinnen, zuerst etwas mehr Geld auf die Seite zu legen, zuerst ihr Wissen zu erweitern, ihre Talente auszuprobieren und zu fördern, zuerst in der Welt herumzukommen und Erfahrungen zu sammeln. Viele Frauen haben auch das Gefühl, in den mütterlichen Teil ihrer Frauenrolle erst im Laufe von Jahren hineinwachsen zu können und sich zu überfordern, wenn sie allzufrüh damit beginnen, Kinder aufzuziehen.

Was ist wichtiger?

Alles das sind Gründe, auf Kinder vorerst noch

zu verzichten oder eine größere Pause zwischen dem einen Kind und dem nächsten einzulegen.

Verborgener Kinderwunsch

Insgeheim jedoch haben viele dieser Frauen eigentlich den Wunsch nach einem Kind – und zwar jetzt gleich. So ein Wunsch kann zwar vertagt, aber nicht völlig unterdrückt werden. In irgendeiner Ecke der Seele sitzt er, stets bereit, hervorzukommen – zum Beispiel, wenn die Frau andere junge Mütter und ihre Babys sieht, oder wenn sie den Blick ihres Partners bemerkt, der wie sie sehnsuchtsvoll spielenden Kindern hinterherschaut.

Ungünstige Umstände

Nicht selten taucht der Kinderwunsch auch gerade dann auf, wenn der Augenblick dafür eigentlich äußerst ungünstig ist: zum Beispiel, wenn die Frau mitten in anstrengenden Prüfungen steckt. Oder wenn sie ihre Chancen auf dem angespannten Arbeitsmarkt – der für Frauen insgesamt noch weniger Angebote parat hat als für Männer – davonschwimmen sieht, ihr Einstieg oder Wiedereinstieg in das Berufsleben sich sehr schwierig gestaltet: Wenn sich jetzt plötzlich ein Kind ansagen würde, bliebe ihr dieser ganze Streß doch erspart! Oder auch, wenn die jahrelange Partnerschaft auseinanderzugehen droht, die Ehe in einer schweren Krise steckt: Wenn jetzt ein Kind käme, würde uns das doch vielleicht wieder fester aneinanderkitten und uns von unseren Streitigkeiten ablenken! Und schließlich hegen viele Frauen auch dann auf einmal einen starken Kinderwunsch, wenn sie sich beruflich blockiert, von Routine umstellt, vom »Sinn des Lebens« abgehalten fühlen: Dieser Sinn, so scheint es ihnen in manchen Augenblicken, kann ihnen doch wohl nur ein lebendes Wesen geben, für das sie verantwortlich sein und sorgen müssen.

Zwiespältige Gefühle

Fast alle Frauen spüren irgendwann in ihrem Leben, daß sie in puncto Kinderwunsch hin- und hergerissen sind zwischen Wollen und Wirklichkeit. Und da jede vernünftige Frau weiß, daß es mit dem bloßen Schwangerwerden und Gebären allein nicht getan ist, steht sie ihrem Kinderwunsch in vielen Lebenssituationen sehr ambivalent (das heißt zwiegespalten) gegenüber, anstatt ihm einfach nachgeben zu können.

Was hat diese Ambivalenz mit dem PMS zu tun? Dr. Viola Frick-Bruder, Hamburg, ist dieser Frage sehr intensiv nachgegangen und zu dem Schluß gekommen: Bewußt oder unbewußt erlebt jede menstruierende Frau das zyklische Geschehen in ihrem Körper als Bestätigung dafür, daß sie schwanger werden kann. Diese Macht erfüllt sie einerseits mit Stolz und einem Gefühl von Stärke, andererseits empfindet sie es aber auch als biologische Abhängigkeit und Ohnmacht. Je nachdem, wie stark ihr Selbstwertgefühl ist (und in welcher Lebenssituation sie sich befindet), tritt einmal die eine, ein anderes Mal die andere Seite dieser Empfindung in den Vordergrund.

Ursache für PMS?

Frauen mit ausgeprägtem PMS, meint Dr. Frick-Bruder, erleben ihren Zyklus offenbar angstvoller als Frauen ohne PMS. Erst die Menstruation »erlöst« sie von der Angst: Weder muß sie nun mit einer Schwangerschaft beweisen,

wie stark sie doch ist und wie mächtig als Gebärerin, noch braucht sie sich weiterhin vor den Einschränkungen und Abhängigkeiten fürchten, die eine Schwangerschaft mit sich bringen könnte. Zumindest bis zum nächsten Eisprung, zur nächsten Monatsblutung ...
Ambivalenter Kinderwunsch und die damit zusammenhängenden (unbewußten) Ängste können also einer Frau sehr wohl so zusetzen, daß sie mit körperlichen und/oder seelischen Beschwerden reagiert – die jedesmal spurlos verschwinden, sobald die Menstruation einsetzt.

Älterwerden

Vor allem Frauen zwischen 35 und 45

Zwischen 20% und 85% aller Frauen – die Zahlen schwanken in den medizinischen Literaturangaben ganz beträchtlich – haben irgendwann in ihrem Leben Beschwerden in den Tagen vor ihrer Menstruation. In einem Punkt sind sich alle Wissenschaftler einig, die sich mit dem PMS beschäftigen: Je älter die Frauen werden, desto häufiger klagen sie über PMS. Der Begriff »älter« bezieht sich in diesem Zusammenhang auf die Zahl der Jahre ihrer Gebärfähigkeit, nicht auf die Zahl ihrer Lebensjahre: »Alt« sind Frauen ja mit 35 bis 45 – dem Häufigkeitsgipfel des PMS – wirklich noch nicht. Sie stehen dann erst in der Mitte ihres gesamten Lebens (statistisch werden Frauen bei uns im Durchschnitt 77,2 Jahre alt, und die Lebenserwartung steigt noch). Manche Frauen kommen schon mit Mitte 40 ins Klimakterium, manche erst mit Anfang bis Mitte 50. Und das bedeutet auch: Die meisten Frauen haben dann verstärkt PMS-Beschwerden, wenn sie bereits zwei Drittel ihrer gebärfähigen Zeit hinter sich und nur noch ein Drittel vor sich haben.

Spätestens ab Mitte dreißig ...

Das ist sicherlich kein Zufall. Ob eine Frau (bereits) Kinder hat oder nicht: Spätestens ab Mitte dreißig wird sie sich überlegen müssen, ob sie noch einmal Kinder bekommen möchte oder nicht, ob sie sich vielleicht sogar erstmals zu einem Kind entschließen und diese Erfahrung machen möchte oder nicht – denn in absehbarer Zeit läuft ihre biologische Uhr in dieser Frage ab. Im vorhergehenden Kapitel wurde bereits darauf hingewiesen, auf welche Weise die – bewußte oder unbewußte – Auseinandersetzung einer Frau mit ihrer Gebärfähigkeit, dieser urweiblichen Potenz, ihre Empfindungen hinsichtlich ihrer Menstruation beeinflussen und ihren Organismus aus dem Gleichgewicht bringen kann. Je älter die Frau wird, je näher das Aufhören ihrer Fruchtbarkeit heranrückt, desto dringlicher wird diese Auseinandersetzung. Und zwar auch bei den vielen Frauen, die bereits so viele Kinder bekommen haben, wie sie gerne wollten, und ganz sicher sind, keine mehr haben zu wollen: Auch für sie bedeutet das herannahende Ende ihrer urweiblichen Fähigkeit einen Abschied. Und Abschiede können schwer fallen – auch wenn die Frau individuell von dieser ihrer Fähigkeit gar keinen Gebrauch mehr machen will.

Befreiung von einer Last?

Manche Frauen freuen sich auch auf die Zeit, in der sie endlich von der Menstruation und ihren lästigen bis schmerzhaften Begleiterscheinungen befreit sind. Aber nicht, weil sie froh sind, von einer Fähigkeit Abschied zu nehmen, sondern weil diese potentielle Fähigkeit ihnen so viel Mühsal bereitet hat: die Mühen der Empfängnisverhütung, die monatliche Angst, es könnte »etwas schiefgegangen« sein, die erlebten schwierigen Fehl-, Früh-, Totgeburten, Abtreibungen, und auch die Geburten der Kinder, die sie großgezogen haben: Einfach war das alles nicht. Doch obwohl sie es sicher nicht noch einmal erleben möchten, bleibt doch ein Restchen Trauer, daß diese Lebensphase jetzt bald zu Ende geht und eine neue, andere beginnt. Und wer weiß, was dann alles auf sie zukommen mag?

Mit 35 steht eine Frau zwar noch mitten im Leben und kann sich das Alter nicht vorstellen – aber sie spürt auch, daß sie »nicht mehr die Allerjüngste« ist. In ihrem Leben sind bestimmte Weichen gestellt und lassen sich nicht mehr so ohne weiteres verändern. Um so mehr mit 45: Ihre Rolle als Familien-Mutter wird in absehbarer Zeit ausgespielt sein, und der Wiedereinstieg in den Beruf gestaltet sich oft schwierig.

Was wird aus mir werden?

Die bange Frage taucht auf: Was wird werden, was wird aus mir werden? Und jeden Monat erinnert die nahende Menstruation daran, daß die Uhr weiter abläuft.

Tritt dann die Monatsblutung ein, ist der Druck erst einmal genommen – bis zum nächsten Mal.

Sexueller Mißbrauch

Traurige Zahlen

Nach Schätzung von Experten werden in der Bundesrepublik jährlich mindestens 150.000 Kinder, mehr als 90% Mädchen, sexuell mißbraucht. Außerdem wird, statistisch gesehen, rund alle sieben Minuten eine Jugendliche oder erwachsene Frau sexuell genötigt oder vergewaltigt. Mädchen, die in Angst und Schrecken vor den sexuellen Übergriffen Verwandter oder naher Bekannter aufwachsen mußten, können kein ungestörtes Verhältnis zu ihrer Weiblichkeit entwickeln. Viele von ihnen müssen erleben, daß nur die allmonatliche Menstruation sie halbwegs vor den ständigen sexuellen Nachstellungen ihrer Väter, Brüder, Onkel, Cousins, Freunden der Eltern schützt. Ihr Nahen erwarten sie deshalb mit innerer Anspannung, die sich zeitweilig löst, sobald die Blutung einsetzt.

Erst in jüngster Zeit brechen die Opfer sexuellen Mißbrauchs, die lange Jahre hindurch in Scham und Angst das Erlebte still erduldet und anschließend so gut es ging verdrängt haben, ihr Schweigen. Mit Hilfe von aufklärender Beratung und einfühlsamer Psychotherapie gelingt es vielen von ihnen, die an ihnen begangenen Verbrechen seelisch-körperlich zu verarbeiten.

Unbewußte Zusammenhänge

Dabei stellt sich nicht selten heraus, daß Frauen, die als Kinder mißbraucht worden waren, als Jugendliche und Erwachsene jahrelang heftige PMS-Beschwerden hatten, ohne sich dieser Zusammenhänge bislang bewußt geworden zu

PMS aus Angst vor Schwangerschaft?

sein. Auch Frauen, die in einer Partnerschaft sexuell mißhandelt oder von einem flüchtigen Bekannten oder Fremden vergewaltigt worden sind, entwickeln danach mitunter schwere PMS-Beschwerden. Möglicherweise, so vermuten Psychologinnen, weil sie danach zunächst in schrecklicher Angst lebten, auch noch schwanger geworden zu sein; dieser Druck wurde dann erst durch das Einsetzen der Menstruation von ihnen genommen. Wenn eine solche tiefgreifende Verletzung nicht rechtzeitig aufgearbeitet werden kann, sondern aus dem Alltagsleben in eine Ecke der Seele verdrängt wird, kann es passieren, daß die Frau unbewußt allmonatlich wieder die gleichen Ängste durchlebt und dabei PMS-Beschwerden entwickelt, die sich erst mit der Menstruation lösen.

Streß und Konflikte

Partnerschaftskonflikte, Schwierigkeiten und Unzufriedenheit im Beruf, eine starke Haß-Liebe zur Mutter, die jeden Monat einmal zu Besuch kommt und es stets schafft, Schuldgefühle auszulösen – diese und viele andere konfliktgeladene Situationen machen Frauen seelisch oft so zu schaffen, daß ihr Körper mit starken prämenstruellen Beschwerden reagiert. Nach den Studien der australischen Ärztin Dr. Lorraine Dennerstein sind PMS-Patientinnen im Vergleich zu Frauen ohne PMS deutlich stärker streßgeplagt, neigen leichter zu Schuldgefühlen, versuchen sich besonders oft »zusammenzunehmen«, leben öfter als andere in der Erwartung, es müsse ihnen etwas Ungutes zustoßen, und haben häufiger mit inneren Konflikten zu kämpfen. Viele dieser Frauen – überproportional häufig getrenntlebend bzw. geschieden und kinderlos – müssen ständig ihre Selbständigkeit beweisen und dürfen sich (zumindest in ihren eigenen Augen) kaum je »gehenlassen«.

PMS-Ursache: Streß?

Dieser psychische Dauerstreß schafft eine Reihe von seelischen und körperlichen Beschwerden, die immer stärker werden, je näher die Menstruation heranrückt. Erst wenn sie ihre eigentlichen »kritischen Tage« haben, schwindet der Druck – möglicherweise, weil sie dann das Gefühl haben, jetzt tatsächlich ein bißchen leiden zu dürfen und sich ganz rechtmäßig nicht gar so sehr zusammennehmen zu müssen. (Hinzu kommen wahrscheinlich auch andere Konflikte

Negative Einstellung

wie der ambivalente Kinderwunsch, auf den bereits ab Seite 128 näher eingegangen wurde.) Auffallend, so Dr. Dennerstein, sei auch die Tatsache, daß PMS-Patientinnen in aller Regel ein negativeres Verhältnis zu ihrer Menstruation, ihrem Monatszyklus haben als Frauen ohne PMS. Auch beklagten sie sich stärker als andere darüber, ihr Leben nicht aktiv selbst gestalten und »in den Griff bekommen« zu können, und zeigten weniger Selbstwertgefühle als Frauen ohne PMS-Probleme. Ob das allerdings eine Ursache für das Auftreten von PMS-Beschwerden sein könnte oder ob es nicht vielmehr eine Auswirkung des allmonatlichen PMS-Problems sei, wußte Dr. Dennerstein nicht zu entscheiden. Wahrscheinlich greift beides ineinander über und läßt sich nicht so deutlich in Ursache und Wirkung trennen.

Was tun gegen PMS?

In den vorangegangenen Kapiteln wurde eine ganze Reihe möglicher körperlicher und seelischer Ursachen für das Auftreten prämenstrueller Beschwerden aufgezeigt und diskutiert. Leserinnen dieses Buches werden sich sicherlich an der einen oder anderen Stelle wiedererkannt oder erstaunt gedacht haben: Aha, so kann das also zusammenhängen! Bevor jetzt im folgenden die vielen unterschiedlichen Möglichkeiten, etwas gegen PMS zu tun, vorgestellt werden, bedenken Sie bitte:

Den eigenen Körper beobachten

Welche Ursachen Ihr persönliches PMS-Problem hat, läßt sich oft nur annäherungsweise herausfinden. In wenigen Fällen nur wird die Diagnose »prämenstruelles Syndrom« begleitet von einer klaren Antwort auf die Frage: »Warum ausgerechnet ich?« Sie selbst können einiges dazu tun, herauszufinden, unter welchen Umständen Ihre PMS-Beschwerden vorzugsweise aufzutreten pflegen, indem Sie eine Tabelle führen, wie ab Seite 93 vorgeschlagen, und darin alle besonderen Vorkommnisse notieren. Das Muster, das sich dabei ergibt, kann Ihnen bereits »ein Licht aufgehen« lassen. Manchmal werden Sie die Hilfe Ihres Gynäkologen benötigen, um die Ursachen Ihrer Beschwerden festzustellen und dann mit einer entsprechenden Therapie beginnen. Hierzu bedarf es eines ausführlichen Gesprächs mit Ihrem Arzt, wobei Sie am besten Ihre Zyklus-Tabellen mitbringen. Oft ist aber auch der Arzt überfordert mit der

Frage, weshalb ausgerechnet Sie gerade diese Beschwerden haben. Das heißt jedoch nicht, daß Ihnen nicht zu helfen wäre! Manchmal müssen mehrere Therapieansätze hintereinander ausprobiert werden, bis endlich genau der richtige für Sie gefunden wird. Und gelegentlich helfen alle Salben und Tinkturen, alle Tabletten und Tee-Aufgüsse nicht: Dann brauchen Sie wahrscheinlich am nötigsten, sich einmal richtig aussprechen und entspannen zu können. Arzneien helfen nämlich durchaus nicht immer »automatisch«. Wenn sich die Seele nicht einbezogen fühlt und immer weiter leidet, kann oft die beste Medizin nichts nützen.

Einheit von Körper und Seele

Da körperliche und seelische PMS-Beschwerden meist Hand in Hand gehen, müssen auch die Therapieansätze möglichst beides berücksichtigen. Was körperlich nützt, hilft deshalb in der Regel auch seelisch und umgekehrt. Manchmal werden Sie aber auch ganz unterschiedliche Mittel und Hilfestellungen brauchen, um sich (endlich) wieder wohl zu fühlen.

Kaum eine Wirkung ohne Nebenwirkung – dieser medizinische Merksatz gilt auch für Arzneien gegen PMS. Sie müssen stets die Grenzen eines verordneten oder empfohlenen Mittels im Auge behalten und seine möglichen Nebenwirkungen gegen seine möglichen Vorzüge sorgsam abwägen. Sonst kann es passieren, daß Sie zwar Ihr PMS los sind, dafür aber andere Gesundheitsschäden davontragen. Achten Sie daher stets auf Anwendungsmenge und -dauer, die Ihnen empfohlen werden.

Umstellung von liebgewordenen Gewohnheiten

Gesunde Ernährung

Darauf sollte jeder achten

Alle Menschen könnten davon profitieren, wenn sie sich gesund ernährten. Gesund, das bedeutet: nicht zu viel essen, aber auch nicht zu wenig (wer im täglichen Leben relativ wenig Bewegung hat, verbraucht nicht mehr als 1500 bis 2000 Kalorien und sollte daher auch nicht mehr zu sich nehmen; wer körperlich schwer arbeitet, kann auch 2500 bis 3000 Kalorien pro Tag brauchen). Übergewicht sollte möglichst reduziert werden (Faustregel: Körpergröße minus hundert minus 10 bis 15% kann als Normalgewicht gelten).

Neben tierischem Eiweiß auch viel pflanzliches Eiweiß und verdauungsfördernde Faserstoffe (Ballaststoffe) essen. Auf hohen Gehalt der Lebensmittel an mehrfach ungesättigten Fettsäuren achten. Gerichte nicht »totkochen«, sondern sanft garen; viel Rohkost zu sich nehmen, damit alle nötigen Vitamine, Mineralstoffe und Spurenelemente zugeführt werden. Das Essen nicht übersalzen (fünf bis acht Gramm Speisesalz, auch verstecktes in Wurstwaren, Dosengerichten und Käse, genügen pro Tag!); Zucker möglichst meiden. Vollkornbrot statt Weißbrot und Brötchen essen. Das Essen auf vier bis fünf kleinere Mahlzeiten pro Tag statt zwei bis drei große verteilen. Sich zum Essen Zeit nehmen, gut kauen. Und das Trinken nicht vergessen: Der Körper braucht täglich zwei, besser zweieinhalb bis drei Liter Flüssigkeit, um richtig funktionieren zu können, und zwar aus Wasser/Mineralwässern, Obst- und Gemüsesäften, Tees, Suppen, ungesüßten(!) Limonaden, Milch. Auch zwei oder drei Tassen Kaffee am Tag schaden nicht. Mit Alkohol hingegen sollte jeder Mensch sparsam umgehen – er ist ein Vitaminräuber, führt dem Organismus viel Zucker (Kalorien) zu, schadet der Leber und benebelt den Verstand!

Diese allgemeinen Grundsätze kann jede Frau – und jeder Mann – beachten und wird sich dabei gesünder, frischer, leistungsfähiger und beweglicher fühlen. Doch Frauen mit PMS-Beschwerden können darüber hinaus noch mehr für sich tun:

Weniger Salz!

– Essen nicht übersalzen, durch Zugabe von Gewürzen schmackhafter machen. Salz bindet Wasser in den Geweben. Frauen, die vor der Menstruation über ihren aufgedunsenen Leib klagen oder über stark anschwellende Brüste, erfahren oftmals Erleichterung, wenn sie ihren Salzkonsum stark reduzieren. (Und auch bei krankhaft erhöhtem Blutdruck – Hypertonie – ist weniger Salz wichtig!) Sie sollten das aber nicht nur in den paar Tagen vor den Tagen tun, sondern während des gesamten Zyklus – nur dann können Sie sich auch wirklich an die salzärmere Kost gewöhnen, statt sie einige Tage im Monat einfach fad zu finden. Ein wenig schmackhaft zubereitetes Essen vergällt die Freude am Essen, und Sie sollen sich ja nicht dafür »bestrafen«, daß Sie PMS-Beschwerden haben, sondern ihnen schwungvoll zu Leibe rücken. Probieren Sie salzarme, aber würzige Küche aus und entdecken Sie ganz frische Geschmacksempfindungen, die Ihr salzgewöhnter Gaumen noch gar nicht kannte!

Genügend trinken!

– Viel trinken – aber keinen Alkohol. Frauen mit Wassereinlagerungen im Körper wird gelegentlich empfohlen, sich weniger Flüssigkeit zuzuführen, um prämenstruell nicht so viel Wasser in den Geweben zu binden. Dieser Rat kann jedoch das Gegenteil bewirken: Wenn der Körper nicht ausreichend mit Flüssigkeit versorgt wird, dürstet er und versucht, das vorhandene Gewebewasser möglichst festzuhalten. Die Ausscheidungsfunktionen der Nieren werden beeinträchtigt; zu viele Stoffwechsel-Schlacken sammeln sich an, die nicht richtig fortgeschwemmt werden. Mit der Zeit funktionieren die Nieren schlechter; dann bleibt zuviel Salz im Körper, das wiederum Wasser in den Zellen bindet, und es bilden sich wiederum Ödeme. Wer die Nieren hingegen stets ordentlich durchspült und sie dabei gut »in Form« hält, kurbelt die eigenen Ausscheidungsfunktionen an.
Schlacken und Schadstoffe sowie Salz werden ausgeleitet, wenn genügend Wasser

den Organsimus durchschwemmt. Wenn Salz abtransportiert wird, kann es auch keine (übermäßige) Flüssigkeit mehr in den Geweben binden; Ödeme gehen zurück. Probieren Sie es zwei Monate lang mit mindestens zwei Litern Flüssigkeit täglich. Dann können Sie abschätzen, ob Ihr Körper auch besser entschlackt wird. Wenn Sie Erfolg verspüren, sollten Sie sich diese Flüssigkeitszufuhr zur lieben Gewohnheit machen! (Nierenkranke sollten vorher ihren Arzt fragen; für sie kann es bestimmte Einschränkungen geben.)

Kein Koffein!

– Koffein weglassen – es ist nicht nur in Kaffee, sondern auch in schwarzen und grünen Tees, Colagetränken (selbst Diät-Cola), Kakao sowie in vielen Schmerzmitteln als Zusatz vorhanden. Koffein wirkt aufputschend auf das Zentralnervensystem und das können gerade Frauen, die prämenstruell unter Nervosität, Gereiztheit, Fahrigkeit und Koordinationsstörungen leiden, ganz und gar nicht brauchen. Herzklopfen, Herzrhythmusstörungen, ja selbst Angstgefühle können verschwinden, wenn das Koffein konsequent – mindestens in der prämenstruellen Phase – weggelassen wird. Das mag für manche eine arge Umstellung, etwa der Frühstücksgewohnheiten, sein, kann sich aber lohnen! Versuchen Sie, mindestens zwei Monate lang schon vor dem üblichen Einsetzen Ihrer Beschwerden Koffein strikt aus Ihrem Körper zu verbannen. In den ersten zehn bis 14 Tagen macht Ihnen das wahrscheinlich Umstellungsschwierigkeiten, denn Koffeingenuß kann (unbemerkt) längst zur Sucht geworden sein, und Sie haben dann Entzugssymptome wie Kopfweh oder Müdigkeit. Ihre PMS-Beschwerden womöglich ganz loszuwerden, sollte Ihnen dieser Versuch wert sein.

– Reduzieren von Übergewicht. Medizinische Studien haben ergeben, daß übergewichtige Frauen erheblich häufiger an PMS leiden als normalgewichtige. Bei diesen Angaben geht es nicht um ein superschlankes Schönheitsideal, sondern um den ganz normalen Körperbau einer Frau mit weiblichen Formen. Versuchen Sie, ein Gewicht zu erreichen und zu erhalten, bei dem Sie sich ausgeglichen und wohl fühlen. Mit hoher Wahrscheinlichkeit ist das dann auch Ihr Normalgewicht! Wer rundlicher gebaut ist, braucht ein paar Pfunde mehr nicht scheuen; Sie sollen ja nicht zwanghaft Ihren Typ verändern, sondern lediglich gesundheitsbelastendes Übergewicht abbauen. Oft verschwinden dann auch Ihre PMS-Probleme wie Aufgedunsenheit, Völlegefühl, Verdauungs- und Kreislaufbeschwerden, schwere Beine (sie müssen nicht mehr so viel tragen!), Kreuzweh und Müdigkeit. Und weil Sie sich dann rundum wohler

Übergewicht vermeiden!

fühlen und schöner finden, wirkt sich das auch positiv auf Ihre Gemütsverfassung aus!

Rauchen aufgeben!

– Rauchen aufgeben. Rauchen schadet Ihrer Gesundheit und macht Sie prämenstruell eher noch »zittriger« und nervöser, als Sie ohnehin schon sind! Zudem kann es Kopfweh und Übelkeit hervorrufen und bringt Sie einem Herzinfarkt näher (Krebsrisiko!).

Bewegung

Leben ist Bewegung von Anfang an. Ei- und Samenzelle verschmelzen nicht passiv miteinander, sondern bewegen sich aktiv aufeinander zu. Der Keimling im Mutterleib wächst und bewegt sich dabei; das Zappeln, Drehen und Stoßen zeigt seine Lebendigkeit an. Und nach der Geburt muß sich das Kind erst recht bewegen, damit alle seine Körperfunktionen richtig in Gang kommen und es das Leben erlernt. Kinder haben einen natürlichen Bewegungsdrang, der ihnen jedoch allzuviele Verbote und Einschränkungen seitens der (ruhebedürftigen) Erwachsenenwelt beschert. Diese wiederum leidet unter allgemeinem Bewegungsmangel: Wir sitzen viel zu viel – im Auto, am Arbeitsplatz, vor dem Fernseher; wir machen viel zu wenig oder nicht regelmäßig genug Sport, um unsere Muskulatur wirklich dauerhaft fit zu halten, und wir geben unserem Hang zur Bequemlichkeit allzugerne nach.

Frauen mit PMS leiden grundsätzlich noch stärker, wenn sie sich zu wenig – oder zu wenig sinnvoll – bewegen. Tägliche Aktivität – sei es in einem Sportverein, bei Gymnastik zu Hause oder in einer Gruppe, bei Jazztanz, Gesellschaftstanz, Schwimmen, Ballspielen mit den Kindern oder in der Yoga-Übungsstunde – kann ihnen aus folgenden Gründen helfen, PMS-Beschwerden abzubauen bzw. ganz loszuwerden:

Für Frauen mit PMS besonders wichtig

- Ein beweglicher, gut durchbluteter, fit gehaltener Körper ist weniger anfällig für Erkrankungen und Störungen. Die Verdauung funktioniert besser; Muskeln und Sehnen sind lockerer und neigen nicht so rasch zu Verspannungen (auch: Spannungs-Kopfweh!); der Kreislauf wird gekräftigt, die Atmung wird freier und leichter.
- Körperliche Aktivität baut seelisch-geistige Anspannungen, Ängste, Mißempfindungen ab. Bei intensiver körperlicher Betätigung werden körpereigene Stoffe im Gehirn freigesetzt, die wie Aufputschmittel wirken (die sogenannten Endorphine). Sorgen, Mißmut, Spannungen, Gereiztheit und Wutgefühle werden abgebaut; die Freude am eigenen Körper und das Selbstwertgefühl steigen (auch wenn Sie keinen Leistungs- bzw. Vergleichs-Sport betreiben und mit niemandem in Konkurrenz treten). Rhythmisches Bewegen, zum Beispiel beim Tanz, kann darüber hinaus ein Gefühl der Harmonie mit sich selbst und der Welt vermitteln. Deshalb sind Tanz- und Musik-

Der Körper beeinflußt die Psyche

therapie ausgesprochen gut geeignet bei vielen psychosomatischen Beschwerden und Erkrankungen.

Sich selbst etwas Gutes tun ...

– Wer sich täglich einmal eine Zeitlang aktiv bewegt, tut in dieser Zeit etwas Gutes nur für sich. Das ist besonders wichtig für Frauen, die über der Sorge um die Familie allzugern sich selbst vergessen und fast nie Zeit haben (oder zu haben glauben), etwas ganz allein für sich selbst zu tun. Manche bekommen nachgerade Schuldgefühle, wenn sie einmal nur an sich denken, statt für andere dazusein. Tägliches Körpertraining leistet viel für Ihre Gesundheit, und Sie sind dabei endlich einmal mit sich selbst allein. Schon das kann enorm helfen, Spannungen und Gereiztheiten abzubauen.

Körperliche Aktivität nützt einer an PMS leidenden Frau allerdings nur unter folgenden Voraussetzungen:

Das ist wichtig

Sie muß mindestens eine halbe Stunde lang ausgeführt werden. Sie sollten dabei von niemandem gestört werden. Und das Wichtigste: Was Sie tun, muß Ihnen keine lästige Pflicht sein, sondern Spaß machen. Denn sonst raffen Sie sich während der prämenstruellen Phase noch weniger dazu auf als schon in Ihren »besseren Zeiten«.

Suchen Sie sich also eine Aktivität aus, die Sie angenehm, lustig, entspannend, fitmachend, ausgleichend finden (und deren Kostenaufwand

Sie sich leisten können). Und trainieren Sie dann möglichst jeden Tag, während Ihres ganzen Zyklus und nicht nur in der schwierigeren prämenstruellen Phase. Die Aktivität(en), die Sie für sich aussuchen, soll(en) Ihnen zu einer lieben Gewohnheit werden, auf die Sie nur sehr ungern wieder verzichten würden. Lassen Sie sich in dieser Entscheidung von niemandem dreinreden oder zu etwas überreden, das Ihnen persönlich gar nicht so gut gefällt. Es ist Ihr Körper, dem Sie guttun wollen und sollen, und Ihre Seele soll davon erfrischt werden!

Entspannungshilfen

Körper und Seele entspannen

Körperliche Aktivität, regelmäßig durchgeführt, hilft auch die Seele zu entspannen. Die positive Wirkung kann jedoch am Ende eines streßreichen Tages schon wieder abgenommen haben. Gerade für Frauen mit PMS-Problemen ist es wichtig, ein paar Entspannungshilfen zur Hand zu haben, die sie jederzeit und überall anwenden können, um sich damit rasch ein bißchen besser (und belastbarer) zu fühlen. Bei Neigung zu Spannungskopfweh und Migräne, bei Rücken- und Kreuzschmerzen infolge von Streß, bei Schlaflosigkeit, Konzentrationsmangel, Abgeschlafftheit, inneren Spannungen und ähnlichen typischen PMS-Beschwerden sind folgende Hilfen sehr empfehlenswert:

- Autogenes Training: Sie lernen dabei, tief und entspannt zu atmen, Sorgen und Streßfaktoren beiseitezuschieben und Ihr

Inneres Gleichgewicht wiederfinden

vegetatives Nervensystem – dessen gestörtes Gleichgewicht Ihnen PMS-Beschwerden beschert – besser zu kontrollieren. Schmerzen und Krämpfe können mittels AT (wie das Autogene Training oft abgekürzt wird) gelindert, die Herzleistung, der Kreislauf, die Atmung und die Verdauung – normalerweise dem freien Willen entzogen – zu einem gewissen Grad willentlich reguliert werden. Anfängerinnen brauchen meist etwa 14 Tage, bis sie die speziellen Schwere- und Wärmeübungen des AT erlernt haben und in jeder für sie wichtigen Situation anwenden können. (AT-Kurse werden unter anderem an den Volkshochschulen, aber auch von Ärzten angeboten.)

– Meditationen: Meditieren bedeutet wörtlich genommen »die eigene Mitte finden«. Meditationen klären und erfrischen den Geist und die Seele und entspannen den Körper.
Meditieren darf jedoch nicht mit »Nachdenken über etwas« verwechselt werden: Bei der Meditation sollen Sie nicht etwa ein Problem sorgenvoll und grübelnd umkreisen, sondern sich auf etwas ganz Bestimmtes – zum Beispiel ein Bild, eine schöne Form, eine sanfte, beruhigende Musik, eine gedankliche Vorstellung, die Ihnen Ruhe vermittelt – konzentrieren. Alle anderen Sinneseindrücke werden bei dieser Konzentration langsam ausgeblendet,

bis Sie tief versunken und fast »gedankenleer« sind. Ihr Geist fließt unangestrengt dem Punkt entgegen, auf den Sie sich konzentrieren. Er kann dabei sozusagen Atem schöpfen, von Ballast befreit werden. Ihre Atmung wird tiefer und gleichmäßiger; das Herz beruhigt sich; alle Stoffwechselvorgänge verlangsamen sich; das Blut strömt warm durch die Adern. Bei manchen Meditationen wird der eigene Körper in den Mittelpunkt des Meditierens gestellt. Sie machen beispielsweise eine »innere Reise« zu Ihrem schmerzenden Kreuz oder zu Ihrer verkrampften Gebärmutter, tasten sich konzentrativ zu diesem inneren Organ vor, »schauen« es in Ihrer Vorstellung genau an und umhüllen es anschließend mit liebevollen Gefühlen, schicken ihm Energien und Kraft. Dabei lösen sich Blockaden und Schmerzen auf, und Sie gewinnen insgesamt ein positiveres Verhältnis zu dem Körperteil, der Ihrer Zuneigung bedarf (weil er sonst mit Mißempfindungen und Krankheiten reagiert). Meditationen können Sie unter anderem an der Volkshochschule oder in Gesundheitszentren erlernen; Sie können aber auch in ungestörten Stunden zu Hause sich »in die Versenkung begeben«. (Unter Anleitung lernt es sich jedoch leichter.)

Reise in Ihre inneren Welten

– Yoga: Der Begriff Yoga stammt aus der altindischen Schriftsprache und bedeutet so

Disziplin von Körper, Geist, Seele

viel wie »zusammenspannen« oder »den Geist sammeln«. In westlichen Yoga-Instituten und an Volkshochschulen wird vor allem das Hatha-Yoga gelehrt; es beschäftigt sich mit der Disziplin des Körpers (über den wiederum auch Geist und Seele erreicht werden). Seine drei Säulen sind Atemübungen – dabei lernen Sie gesunde, heilungsfördernde Atmung, hygienische Maßnahmen, sich gesund zu ernähren und eine gute Verdauung zu haben sowie körperliche Übungen (die weithin bekannten Yoga-Übungen, »Asanas«, bei denen Muskeln und Bänder abwechselnd gedehnt und entspannt werden). Gerade Frauen mit PMS-Problemen können von vielen Yoga-Übungen profitieren, die speziell Bauch und Unterleib betreffen und den Rücken stärken. Regelmäßig durchgeführt, ist Yoga eine hervorragende Gesundheitsvor- und -fürsorge, die wenig Aufwand kostet und in jedem Alter erlernt werden kann. Sie sind dabei keinerlei Leistungsdruck ausgesetzt: Wichtig ist nicht, wie »perfekt« eine Übung aussieht, sondern ob Sie sie, Ihren körperlichen Gegebenheiten folgend, im Yoga-Sinne richtig ausführen: unverkrampft, mit frei fließendem Atem. Yoga sollte besser nicht nur aus Büchern, sondern unter Anleitung erlernt werden, denn Sie können auch einiges dabei falsch machen, das Ihnen dann mehr schaden als nützen würde.

Selbstverordnete Medikamente

Was ist Selbstmedikation?

Das Wort »Selbstmedikation« sagt bereits, um was es sich hierbei nicht handelt: um ärztlich verschriebene oder verordnete (oder auch von einem Heilpraktiker verordnete bzw. empfohlene) Arzneimittel. Selbstmedikation betreiben Sie, wenn Sie in die Apotheke gehen und sich dort auf eigene Faust Schmerztabletten holen – aber auch, wenn Sie sich vom Apotheker oder der Apothekerin beraten lassen, welches freiverkäufliche Präparat (ohne Verschreibungspflicht) bei Ihrem speziellen Problem helfen könnte und welche Neben- bzw. Folgewirkungen oder auch Gegenanzeigen (medizinisch: Kontraindikationen, Zustände, bei denen ein Mittel nicht angewendet werden darf) es dabei zu beachten gilt.

Selbstmedikation wenden Sie auch an, wenn Sie sich einen heilkräftigen Tee in der Apotheke, Drogerie oder im Supermarkt kaufen (etwa einen magenfreundlichen Kamillentee) und zu Hause gegen Ihre Beschwerden aufbrühen. Zur Selbstmedikation zählt ferner, wenn Sie sich anhand von guten Kräuterkursen oder -büchern kundig machen, welche Garten- oder Wald- und Wiesenkräuter Sie für Aufgüsse, zur Wundversorgung, für Wickel oder Inhalationen benutzen können und wie Sie sie aufbereiten müssen, um im Erkrankungsfall gerüstet zu sein. Der – oft allzurasche – Griff zu irgendeiner frei erhältlichen Tablette gehört also ebenso zur Selbstmedikation wie die erlernte und geübte Anwendung von Mitteln aus der Naturheilkunde. Die Selbstmedikation kann daher ganz einfach, aber auch schwer zu erlernen sein; sie kann großen Nutzen bringen, birgt aber auch viele Gefahren. Denn Sie können Ihre Erkrankung falsch einschätzen (wenn Sie nicht ärztlich untersucht wurden); Sie können Anwendungsfehler machen, die Ihnen Schaden zufügen, und Sie können ärztlich behandlungsbedürftig Krankheiten verschleppen. Mit einem Wort: Wenn Sie zur Selbstmedikation greifen, müssen Sie genau wissen, was Sie tun, und sich so verantwortungsvoll sich selbst gegenüber verhalten, wie Sie das auch von Ihrem Arzt erwarten würden, denn Sie sind in diesem Moment Ihre eigene Ärztin.

Selbstverantwortung

Wenn Sie so verantwortungsbewußt vorgehen, ist gerade beim PMS nichts gegen Selbstmedikationen einzuwenden. Denn es gibt eine ganze Reihe von Mitteln, die in Apotheken frei erhältlich sind und – richtig angewendet – PMS-Beschwerden wirksam lindern können.

Vitaminpräparate

Vitamine B und E

Wie bereits auf den Seiten 104 und 138 beschrieben, können PMS-Beschwerden durch einen Mangel an Vitamin B – vor allem B6 – und/oder Vitamin E ausgelöst werden. Diese Vitaminpräparate können Sie rezeptfrei in der Apotheke bekommen. (In Supermärkten etc. werden häufig vitaminhaltige Bonbons, Multivitaminsäfte und -tabletten zum Auflösen usw. angeboten. Sie enthalten jedoch stets eine ganze

Palette von Vitaminen und sind eher bei allgemeinem Vitaminmangel von Nutzen als speziell bei PMS.) Beachten Sie jedoch das folgende: Nehmen Sie nicht mehr Vitamintabletten ein, als die Herstellerfirma bzw. der Sie beratende Apotheker empfiehlt. Vitamin B6 sollte nie für sich allein, sondern immer zusammen mit anderen Vitaminen des B-Komplexes eingenommen werden. Das verringert die Gefahr von Nebenwirkungen. Die empfohlene Dosierung (= Einnahmemenge) liegt für Frauen mit PMS bei 200 bis höchstens 500 Milligramm pro Tag.

Lassen Sie sich beraten!

Zu Beginn ist eine Kur von circa vier bis sechs Wochen Dauer empfehlenswert. Dann sollten sie das Vitaminpräparat wieder weglassen und prüfen, ob Sie trotzdem keine PMS-Beschwerden mehr haben oder ob sie in altgewohnter Stärke wiederkehren. Vitamin E können Sie zwar ohne Gefahr von Nebenwirkungen einnehmen (zumindest sind bislang keine bekannt geworden), sollten es aber auch hierbei nicht übertreiben. Selten sind Vitamine allein in der Lage, Ihre PMS-Beschwerden ganz zu heilen. Einen Versuch ist diese Form der Selbstmedikation jedoch allemal wert. Vitamine des B-Komplexes sind darüber hinaus enthalten in Vollkornprodukten und Hefe (auch: Bierhefe-Tabletten); viel Vitamin B6 findet sich außerdem in Weizenkeimen, Gemüse, Milch, Eigelb und Fisch sowie im Knoblauch. Vitamin E ist enthalten in Soja- und Getreideprodukten, kaltgepreßten Pflanzenölen, grünem Blattgemüse, Fleisch, Eigelb und Brunnenkresse.

Hier sind viele Vitamine enthalten

Pflanzliche Mittel: Hormonwirkung

Hormon-regulierende pflanzliche Mittel
Einige pflanzliche Mittel haben eine sanft hormonell regulierende Wirkung, können also wie eine »Hormonkur« wirken, ohne daß Sie jedoch künstliche Hormone zu sich nehmen müßten. Vielen Frauen mit PMS-Beschwerden, insbesondere Brustschmerzen, kann mit Fertigpräparaten aus der Apotheke geholfen werden, die eine Tinktur-Mischung aus Alpenveilchen, blauem Hahnenfuß, Hopfen, Ignatiusbohne, Keuschlamm, Schwertlilie und Tigerlilie oder auch ausschließlich einen Extrakt des Keuschlamms (Agnus castus) enthalten. Von diesen Präparaten müssen ein- bis zweimal täglich (je nach Hersteller-Anweisung) 30 bis 40 Tropfen vor den Mahlzeiten eingenommen werden, und zwar während des gesamten Zyklus.
Meist wird eine dreimonatige Kur mit dem Präparat empfohlen, denn die hormonell regulierenden Pflanzenbestandteile brauchen Zeit, bis sie ihre Wirkung im Organismus richtig entfalten können. Wer keinerlei Alkohol trinkt bzw. verträgt, muß den Arzt bzw. Apotheker darauf ansprechen: Diese Präparate enthalten Alkohol. Unter Umständen ist es aber auch möglich, eine nicht-alkoholische Form des Präparats (etwa Milchzucker-Kügelchen mit den gleichen Inhaltsstoffen) zu bekommen. Damit keine Magenbeschwerden bei der Einnahme der Tropfen auftreten, empfiehlt es sich, ein kleines Stück Brot vorweg zu essen oder ein Glas Gemüsesaft oder Milch zu trinken. Hormonell regulierend wirken auch eine Reihe von Tees

und Aufgüssen, die aus Pflanzen gewonnen werden (ebenfalls in der Apotheke erhältlich): Tee aus Melisse, Frauenmantel, Keuschlamm, Schafgarbe und Stiefmütterchen (einzeln oder in einer Mischung). Für eine Kur sollten Sie täglich eine bis zwei Tassen aufgebrühten Tees in kleinen Schlucken trinken, und zwar während des ganzen Zyklus. Oft hilft es aber auch bereits, wenn Sie im akuten Stadium Ihrer Beschwerden täglich eine bis höchstens zwei Tassen des Tees zu sich nehmen.

Psychisch-regulierende pflanzliche Mittel

Sanfte Wirkung auf die Psyche

Aus der Erfahrungsheilkunde ist bekannt, daß Hopfen eine leicht hormon-regulierende, aber auch eine beruhigende und entspannende Wirkung hat. Gegen ein kleines Bier am Abend, das Einschlafstörungen vorbeugt, ist daher nichts einzuwenden. Mild beruhigend, vor allem aber stimmungsaufhellend wirkt hingegen das Johanniskraut: Tee und Präparate sind in der Apotheke erhältlich. Johanniskraut gilt als hochwirksames natürliches Psychopharmakon und eignet sich für die Selbstmedikation. Doch Vorsicht: Es macht Augen und Haut lichtempfindlich (deshalb nach Einnahme ein paar Stunden nicht in die Sonne gehen!). Johanniskrauttee ist empfehlenswert für Frauen, die prämenstruell zu depressiven Verstimmungen, Konzentrationsschwäche, Schlafstörungen und Wetterfühligkeit neigen.

Hier sollten Sie vorsichtig sein

Erhöhte Lichtempfindlichkeit ist auch die meistgenannte Nebenwirkung aller anderen Arten von pflanzlichen Beruhigungsmitteln oder Stimmungsaufhellern, die Sie in der Apotheke empfohlen bekommen und kaufen können. Sie enthalten beispielsweise zusätzlich Baldrian, der positiv auf das Limbische System einwirkt (siehe hierzu Seite 55 ff.), und manchmal auch eine Mischung von Vitaminen, Mineralen und Spurenelementen. Ihr großer Vorteil gegenüber allen chemischen (d. h. künstlich hergestellten) Psychopharmaka: Pflanzliche Seelen-Arzneien machen nicht süchtig bzw. seelisch abhängig und eignen sich daher auch zur Anwendung über längere Zeiträume (z.B. die Zeit zwischen Eisprung und Menstruation) bzw. zur vergleichsweise regelmäßigen Einnahme ein paar Tage lang jeden Monat, falls die Frau gar keinen anderen, tablettenfreien Weg findet, mit ihrer seelischen Unausgeglichenheit oder Depressivität fertigzuwerden.

Mittel gegen Verdauungsstörungen

Mittel gegen »Verstopfung«

Zu den meistverkauften Arzneien gehören hierzulande Mittel gegen Verdauungsstörungen, vor allem gegen (vermeintliche oder wirkliche) Verstopfung. Und gerade in der prämenstruellen Phase fühlen sich viele Frauen aufgebläht, dicker, haben Völlegefühl und können nicht »ordnungsgemäß« jeden Tag auf die Toilette gehen. Dazu ist zunächst einmal zu sagen: Für die tägliche Entleerung des Darmes sollte Sorge getragen werden. Am besten versucht man sich zu einer regelmäßigen morgigen Entleerung zu erziehen. Prämenstruell verlangsamt sich bei manchen Frauen die Darmmotorik; das heißt, ihr Darm wird träger, weil sie selbst sich noch weniger als sonst bewegen, weil sie sich falsch (mit zuwenig Ballaststoffen) ernähren, und auch, weil ihr ganzer Organismus in dieser Phase auf etwas mehr Ruhe, etwas langsamere Geschwindigkeit eingestellt ist.

Ein solcher Zustand ist ganz natürlich und bedarf keinen Antriebs von außen in Form von Abführmitteln. Wer jedoch dringend das Bedürfnis hat, dem Darm nachzuhelfen, sollte es zunächst einmal mit ein bis zwei Fastentagen, an denen ausschließlich Obst- und Gemüsesäfte oder Gemüsebrühe getrunken wird, versuchen. Regt sich der Darm dann immer noch nicht, können Sie zu sanften pflanzlichen Abführmitteln greifen, die z.B. Sennesblätter oder Faulbaumrindenextrakt enthalten (in der Apotheke erhältlich). Nicht länger als jeweils zwei bis drei Tage hintereinander nehmen, dann ist der Darm restlos entleert, und es kann mehrere Tage lang nichts mehr nachkommen! (Die weitere Einnahme von Abführmitteln wäre also ganz sinnlos.)

Dann erst sollten Sie zu Abführmitteln greifen

Jede längerfristige Einnahme von Abführpräparaten – seien es Tees, Früchtewürfel, Tabletten oder sonstige Darreichungsformen – schaden dem Darm: Seine zarten Schleimhäute werden angegriffen; die Darmflora (das sind zur Verdauung wichtige Bakterien im Darm) wird gestört, und der Darm selbst »verlernt«, sich eigenständig zu bewegen. Die Folge: noch mehr Verstopfung als zuvor. Wenn Verstopfung, Blähungen,

Nicht längere Zeit einnehmen

Völlegefühl zu Ihren PMS-Erscheinungen gehören und gute Ernährung und Bewegung allein dem nicht abhelfen können, ist gegen einen kurzen Anstoß von außen nichts einzuwenden. Achten Sie jedoch darauf, sich keinesfalls an die Einnahme dieser Mittel zu gewöhnen. Blähungswidrig wirken Anisfrüchte, Fenchel (auch als Tee-Fertigpräparat erhältlich), Frauenmanteltee, Gänsefingerkraut, Holundersaft, Kamillentee, Lavendelöl, Malventee, Melissentee und das Öl der Schafgarbe. Viele Apotheken halten die entsprechenden Präparate für Sie bereit.

Entwässernde pflanzliche Mittel

»Ich fühle mich wie aufgeschwemmt«

Über verstärkte Wasseransammlungen im Körper klagen viele Frauen in der prämenstruellen Phase. Wenn es sich nicht nur um eine Verschiebung im Wasserhaushalt handelt (das können Sie daran sehen, ob Sie prämenstruell das Gewicht halten oder tatsächlich mehr als 300 bis 5000 Gramm zunehmen, ohne Ihre Eß- und Trinkgewohnheiten zu verändern), können Mittel hilfreich sein, die dem Körper helfen, überflüssiges Wasser auszuschwemmen. Dazu gehören das Öl der Berberitze, Birkenextrakt (für die innerliche Einnahme), Holundertee, Lavendeltee, Schlüsselblumenextrakt, ganz besonders aber Brennesselsaft und Zinnkrauttee sowie Präparate mit Roßkastanienextrakt, die auch gut sind gegen schwere Beine und Venenleiden.

Diese Mittel können helfen

Tropfen je nach Hersteller-Anweisung bzw. Rat

des Apothekers einnehmen! Vom Tee nicht mehr als zwei bis drei Tassen am Tag in kleinen Schlucken trinken, mehr hilft nicht mehr, und Ihr Organismus darf auch nicht zu stark entwässert werden. Daß der Körper nach Wasser verlangt, merken Sie an stärkerem Durst, aber auch an plötzlichem Heißhunger auf Saures und Salziges (wasserbindend). Trinken Sie viel – das hilft den Nieren bei der Ausschwemm-Arbeit. Möglichst salzarm ernähren!

Anweisung beachten!

Schmerzmittel und krampflösende Mittel

Kopfschmerzen, Rückenschmerzen, Unterleibsschmerzen, Brustschmerzen – die Palette der möglichen Schmerzen, die prämenstruell auftreten können, ist breit und die nächste Apotheke mit ihrem großen Angebot an rezeptfreien Schmerzmitteln nicht weit. Bevor Sie sich jedoch gewohnheitsgemäß jeden Monat ein bis zwei Wochen lang täglich – oder gar bereits vorbeugend – Schmerztabletten »einwerfen«, sollten Sie einmal innehalten und über den Sinn von Schmerzen nachdenken: Sie sind ein natürliches Warnsignal Ihres Körpers, das Ihnen sagt, wo er überanstrengt und überlastet (oder auch krank) ist. Mit Tabletten wird der Schmerz, wenigstens vorübergehend, nur abgeschaltet, nicht aber seine Ursache geheilt. Stärkere PMS-Schmerzen sollten Sie daher stets zu einem Arztbesuch veranlassen, damit nicht etwa eine behandelbare Erkrankung übersehen wird!

Haben Schmerzen einen Sinn?

Das Schmerzempfinden ist außerdem von der Gemütsverfassung abhängig. Wer lebensfroh und aktiv ist, spürt Schmerzen weniger als Depressive, Müde, Streßbelastete. Und wer Schmerzen ängstlich erwartet, wird ihr Nahen auch besonders deutlich spüren, sich verkrampfen und dadurch den Schmerz noch steigern. Ab Seite 149 wurden Ihnen wichtige Entspannungshilfen beschrieben, die helfen können, ganz ohne Tabletten mit Schmerz anders umzugehen (und ihn vielleicht sogar von vornherein zu unterbinden). Sie gewinnen damit auch ein Stück Autonomie über sich selbst und werden vom Griff zur Tablette unabhängiger! Keinesfalls sollten Schmerzmittel über mehr als drei, vier Tage im Monat eingenommen werden. Jede Langzeit-Einnahme kann Ihren Nieren, eventuell auch Ihrem Magen schaden; und wer sich z.B. allzusehr an Kopfschmerztabletten gewöhnt, kann durch ihre ständige Einnahme das Kopfweh überhaupt erst hervorrufen! Beachten Sie auch unbedingt die Einschränkungen, die die Herstellerfirma auf den Beipackzetteln der Packungen beschreiben. Wenn Sie etwas nicht genau verstehen, fragen Sie in Ihrer Apotheke nach!

Ihr Apotheker berät Sie gern

Schmerzlindernd wirken auch viele pflanzliche Präparate, die dort für Sie bereitgehalten werden, zum Beispiel Tropfen zum Einreiben oder Einnehmen, die das Öl der Pfefferminze enthalten. Arnikasalben wirken äußerlich schmerzstillend, etwa bei Kreuzweh; krampflindernd (bei Unterleibskrämpfen) wirken warme Bäder mit ätherischen Ölen, zum Beispiel Baldrian, Lavendel, Melisse, Schafgarbe. Wärme wirkt bei

Unterleibsschmerzen oft Wunder, wohingegen Schmerzen im Kopfbereich und in den Brüsten eher auf Kühlung (mit Eisbeuteln, Quarkumschlägen, kühlenden Salben und Tropfen zum Einreiben) reagieren. Auch Umschläge mit kaltem Bockshornklee können Brustschmerzen vertreiben.

Präparate mit essentiellen Fettsäuren

Spezielles Öl kann vielleicht helfen

Ab Seite 105 wurde bereits die mögliche Bedeutung essentieller Fettsäuren für das Entstehen von PMS beschrieben. In der Apotheke gibt es dafür rezeptfrei mehrere Präparate, die einem Linolsäuremangel abhelfen sollen: hergestellt zum einen aus dem Öl der Nachtkerze (einer nordamerikanischen Wildpflanze) und zum anderen aus Samenöl der schwarzen Johannisbeere. Beide Öle enthalten besonders viel Gamma-Linolensäure und können sich sehr positiv auf Brustschmerzen und -schwellungen, aber auch auf eine depressive Gemütslage auswirken. Bei beiden Präparatetypen wird zunächst eine zwei- bis dreimonatige Kur (täglich vier bis acht Kapseln einnehmen) empfohlen. Dann kann die Einnahmemenge reduziert werden, bis Sie schließlich nur noch eine Kapsel pro Tag, und das nur während der PMS-Phase, einzunehmen brauchen. Probieren Sie selbst aus, ob Ihnen diese Arzneiform guttut, und wenn ja, wie lange Sie sie brauchen!

Verbindliche Einnahmeanweisungen, die für alle Frauen gelten könnten, gibt es dabei nicht (wie das ja auch bei vielen anderen Arzneien

Neben-wirkungen

der Fall ist, denn jeder Organismus reagiert individuell). Die einzigen bekannten Nebenwirkungen des Nachtkerzenöls sind seltene Allergien oder auch gelegentliche Magenbeschwerden. Lediglich Frauen, die auf Alkoholgenuß hin Migräne oder Kopfweh bekommen, sollten kein Nachtkerzenöl einnehmen. Allergien kann es in seltenen Fällen auch gegen den Samen der schwarzen Johannisbeere geben; sonstige Nebenwirkungen sind bislang nicht bekannt. Achten Sie jedoch beim Kauf solcher Kurpackungen darauf, daß Sie auch wirklich diese Präparate und nicht eine – womöglich weniger wirksame – Mixtur verschiedener Öle enthalten.

Magnetfolien

Hilfe durch kleine Magnete?

Viele Heilpraktiker, aber auch manche Ärzte, sind von der heilsamen Wirkung von Magnetpflastern und -folien überzeugt. Sie werden auf schmerzende und verspannte (dadurch auch z.B. Spannungskopfweh hervorrufende) Stellen, vor allem des Unterleibs und des Rückens, gelegt und erzeugen dort ein Magnetfeld niedriger Frequenz und Intensität. Eine schlüssige Erklärung für ihre Wirkweise und wissenschaftliche Nachweise gibt es bislang nicht. Sie sollen zumindest die Durchblutung anregen, den Zellstoffwechsel fördern, Verspannungen lösen und auf die sogenannten Reflexzonen in der Haut heilsam einwirken. Diese Folien sind in Apotheken erhältlich und zeigen keine unliebsamen Nebenwirkungen.

Frauen und der Mondrhythmus

Wenn Sie Ihre prämenstruell auftretenden Beschwerden einige Monate lang genau beobachtet und zyklisches An- und Abschwellen bemerkt haben, ist Ihnen vielleicht schon der Gedanke gekommen: Das ist ja ganz ähnlich wie Ebbe und Flut – es kommt und geht, in regelmäßigem Wechsel. Ebbe und Flut aber entstehen durch die Anziehungskraft des Mondes, der sich stetig um die Erde dreht und dabei sogar die riesigen Wassermassen der Meere zu bewegen vermag. Aus dem Wasser heraus ist alles Leben auf der Erde entstanden. Auch der menschliche Körper besteht zu etwa 60 bis 70 Prozent aus nichts anderem als Wasser. Das wird unter anderem auch als Grund genannt, daß auch der Mensch auf den Mond reagieren soll, der eine etwas empfindlicher und empfänglicher, der andere weniger. Einige Frauen fühlen sich mit dem Mond, der in den meisten Sprachen weiblichen Geschlechts ist, verbunden. Ihre Menstruation kommt und geht im monatlichen Wechsel; ihr Monatszyklus dauert etwa so lange wie ein vollständiger Mondumlauf (vom Vollmond über den abnehmenden zum wieder zunehmenden Mond bis zum erneuten Vollmond sind es rund 29 Tage). Auch das deutsche Wort »Monat« leitet sich vom Wort Mond her.

Einfluß des Mondes?

Wie ist es zu erklären, daß Mondrhythmus und Monatszyklus der Frauen so genau übereinstimmen sollen? Einige Wissenschaftler haben sich erst in den letzten Jahren an eine schlüssige Antwort auf diese Frage herangetastet. Angeblich wirkt das nächtliche Mondlicht auf eine Drüse ein, die an der Gehirnbasis liegt und Zirbeldrüse (Epiphyse) genannt wird. Diese Drüse ist wiederum mit dem Hypothalamus verbunden, der seinerseits Botenstoffe zur Hirnanhangdrüse schickt (siehe hierzu auch ab Seite 41). Das helle Licht der »vollen Mondin« stimuliert die Zirbeldrüse – so diese Theorie – einige Nächte lang und hilft so, den Eisprung herbeizuführen. Fehlt das Mondlicht ganz, um die Zeit des Neumonds, so soll der Organismus der Frau mit den hormonellen Veränderungen reagieren, die zur Menstruation führen.

Der Trick mit der Glühbirne

Einige Frauengruppen – vor allem in den USA – glauben, daß sich Frauen mit sehr unregelmäßigem Zyklus diese Regulationsmöglichkeit zunutze machen könnten, indem sie ein paar Monate lang in einem völlig abgedunkelten Schlafzimmer schlafen und nur um die Zeit des Vollmonds herum eine schwache Birne (sechs Watt genügen) im Zimmer brennen lassen. Ihr Zyklus soll sich dann angeblich von selbst auf einen 27- bis 29-Tage-Rhythmus einstellen. Frauen mit esotherischen Ambitionen können unter Umständen ebenfalls von dieser sanften Regulation Gebrauch machen: Gerade empfindsame, beinahe »mondsüchtige« Frauen fühlen sich immer unruhiger und rastloser, je voller der Mond wird. Bei Vollmond selbst können sie kaum schlafen und klagen über alle möglichen Befindlichkeitsstörungen, die verschwinden, sobald der Mond wieder abnimmt. Kommt zu dieser Zeit erhöhter Sensitivität auch noch die

herannahende Menstruation hinzu, kann sich die Wirkung noch verstärken.
Für Frauen, die meinen, den Mondphasen gegenüber besonders empfindlich zu sein, kann es daher nützlich sein, den Menstruationskalender einmal mit dem Mondkalender zu vergleichen. Tritt die Menstruation tatsächlich immer ungefähr zur Zeit des Vollmonds ein, kann versucht werden, die Menstruation so zu regeln, daß sie künftig zur Zeit des Neumonds kommt. Das geht nach Meinung dieser Frauengruppen entweder mit Hilfe der beschriebenen Licht-/Dunkelmethode oder auch mit Hilfe der Antibabypille: Am ersten Tag der nächsten Menstruation mit einer Packung beginnen und sofort die nächste Packung anschließen, wenn die letzte Pille der ersten Packung aufgebraucht ist. Das bedeutet: sechs Wochen ununterbrochene Pilleneinnahme (jeden Tag eine). Nach dem Absetzen kommt es dann zur Abbruchblutung, und zwar etwa 14 Tage nach dem sonst üblichen Menstruationstermin, also genau zur Neumondzeit. Manchmal muß die Antibabypille nach dem sechswöchigen Einstieg noch mehrere Monate lang geschluckt werden, bis der Organismus den Pillen-Rhythmus auch annimmt und beibehält.

Auch mit Hilfe der »Pille« möglich

Es soll hier aber noch einmal betont werden, daß es sich bei dieser beschriebenen »Methode« um ein Außenseiter-Verfahren handelt, das den Glauben an besondere Mondeinflüsse voraussetzt und esotherische Neigungen zugrunde legt.

Schon in der Antike bekannt

Das prämenstruelle Syndrom war bereits den Ärzten der Antike bekannt – nur nicht unter diesem Namen. Von ihren Heilmethoden ist einiges überliefert. In späteren Jahrhunderten rückte es in den Hintergrund; Frauen wurden, gemäß ihrer gesellschaftlichen Rolle, ohnehin als das »schwache Geschlecht« charakterisiert, das zu Ohnmachtsanfällen, Krämpfen, Migräne, Stimmungslabilität, Melancholie und ähnlichen Befindlichkeitsstörungen ihres »zarten Körpers« und ihrer noch zarteren Seele neige. Aus dieser Zeit stammt auch das Wort »Hysterie«, ein Begriff, der damals praktisch ausschließlich auf das weibliche Geschlecht angewendet wurde und sich vom griechischen Wort to hysteron = Gebärmutter ableitet. Man nahm an, »hysterische« Frauen litten an einer wandernden Gebärmutter, die dann verschiedene seelische und körperliche Störungen verursache. In den gynäkologischen Lehrbüchern der Jahrhundertwende war von prämenstruell (also vor der Periode) auftretenden körperlichen und seelischen Veränderungen der Frau nur am Rande die Rede. Das änderte sich erst nach 1931, als der amerikanische Hormonforscher Robert T. Frank sich diesem Phänomen zuwandte und es »prämenstruelle Spannungen« (premenstrual tension) nannte. Doch erst in den fünfziger Jahren begann die Ärzteschaft, sich breiter mit diesem Thema zu beschäftigen, nachdem die bereits zitierte britische Ärztin Dr. Dalton ein erstes größeres Werk dazu schrieb und 1959 sogar eine Klinik speziell für PMS-Patientinnen eröffnete.

PMS-Probleme werden heute ernst genommen

Seitdem hat sich vieles geändert. PMS-Beschwerden, über die Frauen in der ärztlichen Praxis klagen, werden in aller Regel ernst genommen und nicht mehr mit Worten wie »Das gehört eben zum Frau-Sein« oder »Sie müssen sich mehr zusammennehmen« abgetan. Nicht zuletzt die weit voranschreitende Hormonforschung trug wesentlich dazu bei, daß neue Theorie- und Therapieansätze für PMS-Patientinnen entwickelt wurden. (Und auch die Tatsache, daß immer mehr Betroffene, nämlich Frauen, in der Gynäkologie zu arbeiten begannen, dürfte zum Wandel des Bildes beigetragen haben.)

Rat des Arztes

PMS, darüber sind sich die meisten Ärzte einig, verlangt nicht unbedingt und in jedem Fall nach ärztlichem Eingreifen. Es gibt viele Mittel und Wege, die die betroffenen Frauen selbst einsetzen können, um ihre Beschwerden loszuwerden oder doch besser damit umgehen zu können. Eines ist jedoch auch für Frauen, die zur Selbsthilfe greifen, stets wichtig: die ärztliche Diagnose (falls ihre Beschwerden nicht nur leichter Natur sind). Denn wie bereits ausgeführt, können sich hinter den scheinbaren PMS-Symptomen gelegentlich auch andere behandlungsbedürftige Krankheiten verbergen. Deshalb sollte jede Frau, die prämenstruell heftig unter ihren körperlichen und/oder seelischen Veränderungen leidet, erst einmal einen Gynäkologen ihres Vertrauens aufsuchen und sich von Kopf bis Fuß untersuchen lassen.

Vielfach werden sich die ärztlichen Hilfen, die

dann zur Linderung oder Behebung des PMS angeboten werden, nicht sehr von den Hilfen zur Selbsthilfe unterscheiden, die ab Seite 139 dargestellt wurden: Vitamine des B-Komplexes beispielsweise, Minerale und Spurenelemente, eine salzarme Ernährung und der Abbau von ungesundem Übergewicht werden oft auch ärztlicherseits mit Nachdruck verordnet. Gegen Brustspannen und -schmerzen (im medizinischen Sprachgebrauch Mastopathie genannt) verschreiben viele Gynäkologen zunächst genau die gleichen Tropfen-Kuren, die sich die Frau auch selbst in der Apotheke besorgen kann (allerdings ohne sie dann von der Krankenkasse bezahlt zu bekommen). Oder sie rezeptieren ein pflanzliches Beruhigungsmittel, ein sanftes Abführmittel pflanzlicher Herkunft oder ein homöopathisches Präparat mit hormonell regulierender Wirkung, das dem entspricht, welches auch eine Frau erstehen würde, die sich relativ gut in der Naturheilkunde auskennt bzw. in der Apotheke entsprechend gut beraten wurde.

Auch der Arzt setzt sanfte Mittel ein

Ärztliche Hilfen bedeuten also keineswegs immer »Chemie«, Hormonpillen oder gar Operationen. Doch hat der Arzt über alle frei erhältlichen Mittel hinaus auch noch die weitergehende Möglichkeit, Präparate zu verschreiben, die (mit gutem Grund) unter Rezeptpflicht stehen. Und er kann eine Operation anberaumen, die der einzelnen Frau endlich Beschwerden nimmt, die sie schon jahrelang geplagt haben (wie das etwa bei der Endometriose der Fall ist; hierzu siehe auch ab Seite 181).

Vertrauen und offene Gespräche

Falls eine Frau gegen bestimmte Arzneien oder Therapieansätze etwas einzuwenden hat, sollte sie das dem Arzt unbedingt sagen. Denn erstens gibt es fast immer eine Alternative. Und zweitens nützt eine Medizin nie so gut, wie sie sollte und könnte, wenn sie nur widerwillig eingenommen wird (oder gar bloß angebrochen in der Schreibtischschublade liegenbleibt). »Compliance« heißt das Zauberwort, das Ärzte für diese Situation heute benutzen: Es bedeutet soviel wie »einverständliche Zusammenarbeit« zwischen der Patientin und ihrem ärztlichen Gegenüber. Die Patientin kann erwarten und verlangen, daß sie über alle Vorgänge – ihre Beschwerden betreffend – sachlich umfassend aufgeklärt wird und auch verstehen lernt, weshalb eine bestimmte Therapie ihr nutzen soll. Andererseits kann der Arzt erwarten, daß sie sich anschließend an die gemeinsam getroffenen Vereinbarungen (Art und Dauer der Therapie, Menge der einzunehmenden Mittel, Häufigkeit der Kontrolluntersuchungen etc.) hält, damit die eingeleitete Behandlung überhaupt eine richtige Chance bekommt.

Im folgenden werden medizinische Behandlungen mit ihren Vor- und Nachteilen beschrieben, die über die »Hilfen zur Selbsthilfe« hinausgehen, weil sie stets ärztlich verschrieben, durchgeführt und kontrolliert werden müssen.

Hormonelle Therapien

Bevor Sie sich in diesen Abschnitt vertiefen, sollten Sie sich noch einmal mit den hormonellen Abläufen des Monatszyklus vertraut machen (wie ab Seite 41 beschrieben). Dann werden die folgenden Ausführungen noch leichter verständlich.

Drei wichtige Hormone

Im wesentlichen geht es bei den Hormontherapien gegen PMS um drei wichtige Hormone: um Progesteron (bzw. ein künstlich hergestelltes Gestagen), um Östrogene und um Prolaktin.

Progesteron
kann zum Zuge kommen, wenn Grund zur Annahme besteht, daß die prämenstruellen Beschwerden der Frau aufgrund eines Progesteronmangels nach dem Eisprung entstehen – zum Beispiel wegen einer Corpus-luteum-Insuffizienz (so wird das nicht ordnungsgemäße Funktionieren des Gelbkörpers genannt).

Östrogene
können eingesetzt werden, wenn Grund zur Annahme besteht, daß die Symptome auftreten, weil der Organismus der Frau empfindlich auf ein »Untergewicht« der Östrogene reagiert, die nach dem Eisprung wirken.

Prolaktin-Hemmer
(also Mittel, die sich gegen die Produktion oder gegen die Wirkweise des natürlichen Hormons Prolaktin richten) werden verschrieben, wenn

Grund zur Annahme besteht, daß die Beschwerden aufgrund von zu viel Prolaktin im Organismus der Frau auftreten.

Da es ziemlich schwierig ist, sich einen exakten Überblick über das Zusammenwirken der verschiedenen Hormone im Körper der Frau zu verschaffen, und auch ihre Mengenbestimmung alles andere als einfach ist, kann der Arzt stets nur annehmen, aber nicht sicher wissen, ob die Hormone wirklich an ihren Beschwerden schuld sind. Es gibt dafür verschiedene konkrete Anzeichen; besser Bescheid weiß der Arzt aber erst, wenn die hormonelle Therapie tatsächlich gut angeschlagen hat und die Patientin von ihren Symptomen befreit ist (oder sie doch zumindest deutlich besser geworden sind).

Hormon aus Pflanzen?

In den USA wird relativ häufig ein Progesteron gegen PMS-Beschwerden eingesetzt, das aus Sojabohnen und Yamswurzeln (einer Süßkartoffelart) gewonnen wird und chemisch identisch ist mit dem natürlichen Progesteron, das der weibliche Gelbkörper nach dem Eisprung bildet. In der Bundesrepublik kann dieses pflanzlich gewonnene Progesteron ärztlicherseits nur in zweierlei Weise verschrieben werden:

– als Wirksubstanz eines Gels, das speziell für geschwollene, schmerzende, heiße Brüste entwickelt wurde und äußerlich aufgetragen werden soll (das Gel ist rezeptpflichtig), sowie

– als Bestandteil einer »Spirale« (Intra-Uterin-Pessar), die als »Hormon-Spirale« bekannt ist. Sie wird in die Gebärmutter eingesetzt und soll dort verhüten, daß sich ein eventuell befruchtetes Ei einnisten kann.

Wann wird das Gel verordnet?

Das Progesteron-Gel ist, wie es in der Fachsprache heißt, speziell geeignet bei »essentieller prämenstrueller Mastodynie« (also grundlegenden vormenstruellen Brustbeschwerden) und soll nach den Herstellerangaben in jedem Zyklus zwischen dem 10. und 25. Zyklustag auf die Brüste aufgetragen werden. Das heißt: schon einige Tage vor dem Eisprung (vorbeugend) bis kurz vor der Menstruation. Falls die Frau jedoch nur zwei oder drei Tage vor ihrer Menstruation entsprechende Brustbeschwerden hat und nicht während mehrerer Wochen, sollte sie mit ihrem Arzt absprechen, wann und wieviel des Gels sie zum Einreiben verwenden kann. Möglicherweise nutzt ihr auch eine relativ kleine Menge, über nur wenige Tage verteilt. Da das pflanzliche Hormon über die Haut der Brüste in den Kreislauf gelangt, kann es vorkommen, daß Nebenwirkungen auftreten: Zwischenblutungen, Durchfall und Unterleibskrämpfe. Falls die tägliche Einnahmemenge (die Dosis) zu hoch gewählt wurde, können auch Müdigkeit, Lethargie und Verwirrungszustände auftreten. Dann sollte die Frau das Gel zunächst nicht mehr und im nächsten Zyklus sparsamer verwenden (zumindest Wirkung und Nebenwirkung abwägen).

Hormonspirale

Die Hormonspirale wird nur für Frauen in Frage kommen, die ohnehin Empfängnisverhütung betreiben bzw. damit anfangen wollen und die ein Intra-Uterin-Pessar vertragen.

Frauen, die noch nicht geboren oder eine besonders kleine Gebärmutter haben, erleben mit der Spirale bisweilen Schmerzen und Krämpfe. Das Risiko von gefährlichen Bauchhöhlenschwangerschaften ist mit der Spirale höher als ohne Empfängnisverhütung oder mit einer anderen Verhütungsmethode. Auch dies wird der Arzt mit der Patientin besprechen, wenn sie eine solche Hormonspirale wünscht.

Künstliche Hormone

Künstlich hergestellte Gestagene, wie sie etwa auch in Antibabypillen mit Östrogen-/Gestagen-Kombinationen vorhanden sind, sehen chemisch etwas anders aus als das natürliche Hormon Progesteron. Für ihren chemischen Aufbau waren lange Forschungsreihen nötig und wurden auch mit voller Absicht unternommen, um die synthetischen (künstlichen) Gestagene einerseits so wirksam wie möglich und andererseits so nebenwirkungsarm wie möglich zu gestalten. (Nebenwirkungsfrei ist ja selbst das natürliche Gestagen, als Medikament verabreicht, nicht. Bei den künstlich hergestellten versuchte man, die gewünschte Wirkung so sicher wie möglich zu erzielen, ohne der Frau unzumutbare Nebenwirkungen infolge dieser »Chemie-Zufuhr« aufzubürden. Das gelang bei den verschiedenen künstlichen Gestagenen mit unterschiedlichem Erfolg. Am wenigsten mit Nebenwirkungen belastet sollen die seit wenigen Jahren auf dem Markt befindlichen, sehr niedrig dosierten neuen Gestagene sein. Siehe hierzu auch das Kapitel über die Antibabypille und das PMS ab Seite 193.)

Speziell bei PMS

Speziell zur PMS-Behandlung seit Jahren in Gebrauch ist ein künstliches Gestagen. Es soll sich durch vergleichsweise hohe Verträglichkeit auszeichnen, weil es den natürlichen Gestagenen des weiblichen Organismus chemisch recht ähnlich ist. In der Bundesrepublik wird es in Tabletten verabreicht. Üblicherweise werden gegen PMS Tabletten verschrieben, die etwa vier Tage lang zu nehmen sind, und zwar um die Zeit des Eisprungs herum. Die Begründung dafür: In dieser Zeit produziere der weibliche Körper manchmal zu wenig eigene Gestagene, was sich dann im weiteren Zyklusverlauf durch PMS-Beschwerden bemerkbar mache.

Falls die verordnete Menge nicht ausreicht, um die Beschwerden zu verhüten, oder falls die Frau danach eine unerwünschte Zwischenblutung (»Durchbruchsblutung«) bekommt, kann die tägliche Menge auch gesteigert werden (keinesfalls aber ohne Rücksprache mit dem Arzt).

Die Behandlung muß normalerweise sechs bis neun Monate lang jeden Monat wiederholt werden, bis sich der Organismus der Frau infolge der künstlichen Hormonzufuhr selbst neu regulieren konnte. Das klappt jedoch nicht in jedem Fall; manchmal sind die Beschwerden sofort wieder da, wenn das Medikament einen Monat lang ausgesetzt wird.

Diese Therapie hat in manchen Fällen durchaus

Nebenwirkungen

Erfolg, birgt aber auch eine Reihe von Risiken: Übelkeit, Schwindelgefühle, Verstopfung, schmerzende Brüste. Sollten das Ihre persönlichen PMS-Symptome sein, ist das Medikament wahrscheinlich kaum das richtige für Sie. Frauen mit folgenden Problemen dürfen es überhaupt nicht einnehmen: Neigung zu Thrombosen, durchgemachte Gelbsucht, schweres Schleimhautjucken in einer Schwangerschaft oder Neigung zu Herpesinfektionen. Falls während der Gestagen-Behandlung starke Kopfschmerzen oder Migräne, akute Sehstörungen, Venenentzündungen, Thrombosen oder ein stärkerer Blutdruckanstieg auftreten, muß das Medikament sofort abgesetzt werden. (Wichtig ist es deshalb, beim Arzt regelmäßig den Blutdruck kontrollieren zu lassen, falls Sie es gegen Ihre PMS-Symptome verschrieben bekommen haben.)

Wechselwirkungen

Worauf manchmal nicht genügend hingewiesen wird: Gestagene haben Wechselwirkungen mit verschiedenen anderen Medikamenten. So beschleunigen zum Beispiel Barbiturate – das sind Schlaf- und Beruhigungsmittel »schweren Kalibers« – sowie einige Mittel gegen Krampfanfälle (Antiepileptika) den Abbau des künstlichen Gestagens im Körper. Das bedeutet: Es kann seine volle Wirkung nicht entfalten. Die tägliche Einnahmemenge müßte erhöht werden, wobei dann auch wieder die Gefahr von Nebenwirkungen steigt. Unter Umständen kann sich bei Zuckerkranken (Diabetikerinnen) auch die Glukosetoleranz verändern. Darüber sollte eine Diabetikerin mit ihrem Arzt sprechen, bevor sie sich Gestagene verschreiben läßt.

Das ist wichtig

Eine wichtige Warnung zum Schluß: Bevor Sie eine Gestagen-Therapie gegen Ihre PMS-Beschwerden beginnen, muß absolut sichergestellt sein, daß Sie nicht gerade schwanger geworden sind, und Sie dürfen auch im Verlauf der Behandlung nicht schwanger werden. Diese Medikamente können nämlich unter Umständen eine schädigende Wirkung auf das entstehende Kind haben.

Männliche Hormone gegen PMS?

Eine andere Möglichkeit der PMS-Therapie besteht darin, statt eines künstlichen Gestagens eine gewisse Menge männlicher Hormone, sogenannter Androgene, zuzuführen. Auch der weibliche Körper produziert ja eine – wenn auch winzig kleine – Menge Androgene (ebenso wie der männliche Körper auch eine winzige Menge an weiblichen Hormonen produziert). Die These der Androgen-Behandlung bei PMS: Androgene können ausgleichend wirken, wenn nach dem Eisprung ein gewisses »Übergewicht« der Östrogene besteht und die Frau vermutlich davon ihre PMS-Beschwerden bekommt. Androgene sind jedoch mit einem relativ hohen Nebenwirkungsrisiko behaftet, das meist in keinem Verhältnis zu den Beschwerden steht, die es zu lindern gilt. Die meisten Gynäkologen lehnen deshalb eine Androgen-Behandlung bei PMS ab.

Eine weitere Möglichkeit, in den Hormonhaushalt der PMS-leidenden Frau einzugreifen, besteht in der Verabreichung von sogenannten

Prolaktin-Hemmer

Prolaktin-Hemmern. Eine solche Hemm-Substanz soll bewirken, daß kein Überschuß an Prolaktin mehr produziert wird bzw. die Wirkung dieses Hormons abgeschwächt wird (siehe hierzu auch Seite 42). Vor allem Frauen mit Ödemen und schmerzenden, prallen Brüsten vor ihrer Menstruation kommen für diese Behandlung in Frage. In der Bundesrepublik wird zu diesem Zweck ein Prolaktinhemmer verschrieben, der eigentlich ein Medikament gegen die sogenannte Schüttellähmung (Parkinsonsche Erkrankung) ist; seine Wirkung setzt im Zentralnervensystem an.

In der PMS-Therapie wird dieses Medikament wegen zahlreicher Nebenwirkungen als eines der »letzten Mittel der Wahl« eingesetzt, wenn der Patientin gar nicht anders geholfen werden konnte.

Hier sind sich die Forscher nicht einig

Auf eines wurde schon mehrfach hingewiesen: Die hormonellen Zusammenhänge, unter denen PMS auftreten kann, sind noch weitgehend ungeklärt und Gegenstand heftiger wissenschaftlicher Auseinandersetzungen. So kommt es auch, daß die einen PMS-Beschwerden mit einem relativen »Übergewicht« von Östrogen in der zweiten Zyklusphase zu erklären versuchen, wohingegen die anderen im Nachlassen der normalen Östrogen-Produktion nach dem Eisprung so etwas wie eine Östrogen-Mangel-Situation erblicken, auf die die Frau mit PMS reagiert.

Sehr umstritten ist der Versuch Frauen, die prämenstruell unter schweren Kopf- oder Migrä-

Umstrittene Methode

neattacken leiden, mit einem östrogenhaltigen Gel zu behandeln, das sie auf eine Körperfläche von mindestens 400 Quadratzentimetern – etwa die Arme und Schultern oder den Bauch – auftragen sollen. Das Östradiol im Gel gelangt dann über die Haut in den Blutkreislauf und soll die Blutgefäße, vor allem im Kopfbereich, positiv beeinflussen, so daß Kopfschmerzen von vornherein verhütet werden. (Es ist also keine Behandlung gegen bestehende Kopfschmerzen.) Diese Behandlung muß zwei Tage vor dem frühesten zu erwartenden Kopfweh-Anfall begonnen werden – hierfür ist die Zyklus-Tabelle von Bedeutung, in der die regelmäßig wiederkehrenden Beschwerden verzeichnet sind – und dann sieben Tage lang beibehalten werden.
Doch diese Form der hormonellen Therapie ist in der Medizin sehr umstritten und nicht frei von Nebenwirkungen, da sie tief in den Hormonhaushalt eingreift und ihn verändert. Es kann z.B. vorkommen, daß die Menstruation ganz ausbleibt, daß sie erheblich früher einsetzt als erwartet oder sich erheblich verspätet. Frauen mit Neigungen zu Venenerkrankungen, starke Raucherinnen über 35 sowie Leberleidene sollten ihren Kreislauf und Stoffwechsel nicht noch zusätzlich mit Östrogenen belasten; für sie kommt diese Therapie ohnehin kaum in Betracht.

Endometriose-Therapie

Wenn nach eingehender ärztlicher Untersuchung festgestellt wurde, daß die PMS-Be-

Hilfe durch Hormone oder Operation

schwerden der Frau von einer Endometriose herrühren (siehe hierzu ab Seite 115), kommen grundsätzlich zwei Behandlungsformen in Betracht: eine hormonelle und eine operative. Die Hormonbehandlung steht in den meisten Fällen an erster Stelle, denn sie ist unter Umständen geeignet, daß sich die versprengten Gebärmutterschleimhaut-Inseln bzw. die Wucherungen der Schleimhaut in der Gebärmutterwand rückbilden. Erst wenn die Hormontherapie nicht ausreichend erfolgreich ist oder wenn sich im Leibesinnern schon Verwachsungen gebildet haben, die entfernt werden müssen, oder wenn der Eingriff vergleichsweise leicht erscheint, weil die Schleimhautwucherungen von der Scheide her zugänglich sind, wird als erstes operiert. (Es kommt auch vor, daß die Diagnose überhaupt nur bei einer Operation gestellt wird.)

Zur Hormontherapie wird eine chemische Substanz mit dem Namen Danazol verwendet. Sie heißt auch Anti-Gonadotropin, also »gegen die Keimdrüsen wirkende Substanz«, denn sie unterdrückt sehr wirksam den Eisprung und unterbindet die Funktionen der Eierstöcke. Dadurch entwickelt sich der Follikel im Eierstock nicht richtig; die Gebärmutterschleimhaut baut sich nicht funktionsgerecht auf, sondern bleibt sehr dünn, und die Frau bekommt keine Menstruation (weil ja auch nichts abbluten muß). Das bedeutet gleichzeitig: Auch die versprengte Gebärmutterschleimhaut baut sich nicht regelgerecht auf; die Beschwerden, die durch das

Wachsen und Anschwellen dieser Inseln (eventuell auch durch ihr Abbluten) entstanden sind, bleiben während der Gabe des Mittels aus.

So wirkt diese Behandlung

Da diese Behandlung den gesamten Hormonhaushalt der Frau für eine Weile »umpolt« und die Schleimhaut-Inseln dabei geradezu »austrocknet«, gibt es eine Chance, daß die Beschwerden auch nach Absetzen der Hormontabletten nicht mehr wiederkehren, die Frau also anschließend von ihrer Endometriose geheilt ist. Etwa bei acht von zehn Patientinnen, so die Fachstatistiken, hat diese Therapie Erfolg. Die Nebenwirkungen halten sich dabei in Grenzen, weil das Antigonadotropin weder die im Blut kreisende Östrogenmenge noch die Menge der Gonadotropine (das sind Hormone, die die Eierstöcke anregen) wesentlich vermindert; es hindert die Gonadotropine lediglich daran, wirksam zu werden. Es wirkt deshalb auch besser als die Östrogen-Gestagen-Kombinationen von Antibabypillen, die den Körper der Frau auf Scheinschwangerschaft einstellen und unter Umständen mehr Nebenwirkungen zeigen können.

Mit einigen Begleiterscheinungen hat die Frau während der Danazol-Therapie zu rechnen (die aber im Vergleich zu ihren Endometriose-Beschwerden durchaus das kleinere Übel sein können): Die Haut wird fettiger; Schuppen oder Akne können auftreten, ebenso Wassereinlagerungen, Gewichtszunahme und leicht vermehrtes Wachstum der Körperbehaarung. Manchmal ändert sich die Größe der Brüste; die Frau schwitzt stärker als vorher, ihre Lust auf Sex nimmt etwas zu oder ab, und ihre Scheidenschleimhaut ist anfälliger für Infekte.

Kontrolle durch den Arzt

Wegen der stärkeren Wassereinlagerungen müssen Frauen mit eingeschränkter Nieren- oder Herzfunktion besonders gut ärztlich überwacht werden, solange die Therapie anhält, und auch Patientinnen mit Neigung zu Krampfanfällen und Migräne sollten öfter zur Kontrolluntersuchung gehen. Falls während der Danazol-Behandlung die Stimme deutlich tiefer wird – ein Zeichen zu starker »vermännlichender« Wirkung des Medikaments –, sollte die Behandlung abgebrochen werden.

Viele Endometriose-Patientinnen haben bereits jahrelang erfolglos versucht, schwanger zu werden. Ihr Kinderwunsch geht nach abgeschlossener Behandlung bzw. Operation sehr häufig in Erfüllung.

Ängste vieler Frauen

Vor einer Unterleib-Operation haben viele Frauen Angst. Im Falle der Endometriose kommt erschwerend hinzu, daß die Patientinnen (und ihre Ärzte) manchmal befürchten, die starken Schmerzen rührten von einer bösartigen Geschwulst her, oder es müsse ein größeres Stück aus einem inneren Organ (z.B. den Eileitern oder dem Darm) herausgeschnitten werden, damit die Schleimhautwucherung völlig entfernt wird. Doch Endometriose-Patientinnen brauchen in der Regel weder das eine noch das andere befürchten: Ihre Wucherungen sind praktisch nie bösartig, und nur sehr selten ist es nötig, größere Gewebspartien zu entfernen.

Während der Operation wird das Gewebe sicherheitshalber im histologischen Labor untersucht (zu einem sogenannten»Schnellschnitt«), so daß die Patientin auch sichergehen kann, daß nicht etwa eine Krebsgeschwulst übersehen wurde.

Anti-Prostaglandine

»Gegenhormone«

Zu den weiteren ärztlichen Therapien, die gegen PMS-Beschwerden verordnet werden können, gehört eine medikamentöse Behandlung mit sogenannten Anti-Prostaglandinen – das sind chemische Substanzen, die gegen die körpereigenen Prostaglandine wirken. Wie schon auf Seite 42 kurz erläutert, sind Prostaglandine eine Gruppe von Hormonen, die unter anderem die Muskelkontraktionen in inneren Organen regulieren und für Schmerzen und Krämpfe mitverantwortlich sind. In Streßsituationen werden vermehrt Prostaglandine ausgeschüttet; sie beeinflussen direkt den Hypothalamus (und damit das hormonelle System).
Antiprostaglandine sind Substanzen, die chemisch eng mit Aspirin® (Acetylsalicylsäure) verwandt sind. Wie dieses Schmerzmittel auch, werden sie seit Jahren erfolgreich in der Rheumabehandlung eingesetzt, lassen Gelenk- und Muskelschmerzen abklingen und wirken nichtentzündlichen Schwellungen entgegen. Auch bei starken Menstruationskrämpfen (Dysmenorrhoe) haben sich Antiprostaglandine bereits bewährt. Aus diesem Grund setzt man sie heute auch gelegentlich gegen PMS-Beschwerden wie

Brustspannen und -schmerzen, Krämpfe, Übelkeit, Kopfweh und Aufgedunsenheit ein.

Antiprostaglandine müssen in Form von Tabletten eingenommen werden, und zwar während der Zeit, in der die PMS-Symptome auftreten (mehrere Monate lang, manchmal auch über Jahre). Als häufigste Nebenwirkungen sind Magen-Darm-Beschwerden wie Übelkeit, Blähungen oder Durchfall zu nennen. Wenn diese Symptome zu Ihren ärgsten PMS-Beschwerden zählen, kommt eine Behandlung mit Antiprostaglandinen für Sie also eher nicht in Frage. Für Frauen, die neben dem PMS allgemein auch über rheumatische Beschwerden klagen oder deren Haupt-PMS-Symptome Kopfschmerzen und Krämpfe sind, können Antiprostaglandine jedoch sogar das erste Mittel der Wahl sein. Diese Medikamente sind stets verschreibungspflichtig.

Neben-wirkungen

Antidepressiva

Nur bei Depression

Viele Frauen, die mit PMS-Beschwerden zum Arzt bzw. zur Ärztin gehen, klagen nicht nur über körperliche Veränderungen in ihrer prämenstruellen Phase, sondern auch über depressive Stimmungen, Ruhelosigkeit, schlechtes Schlafen. Je nach Befund des Arztes werden ihnen dann – zusammen mit anderen Mitteln gegen ihre körperlichen Befindensstörungen – auch sogenannte Antidepressiva verschrieben: Das sind Arzneien, die an bestimmten Stellen in den Stoffwechsel des Gehirns eingreifen und gegen Depressionen wirksam sind. Diese speziellen Medikamente machen auch bei langer Einnahme über Monate oder sogar Jahre nicht süchtig. Sie werden jedoch nur verordnet, wenn der Arzt nach eingehender Untersuchung festgestellt hat, daß eine Depression vorliegt. Sollten Sie stärkere depressive Stimmungslagen quälen, so lassen Sie sich von Ihrem Arzt beraten.

Beruhigungsmittel
Leider viel zu häufig werden auch bei uns sogenannte Benzodiazepine – so nennt der Arzt eine große Gruppe von Beruhigungsmitteln – verschrieben und eingenommen. Im Gegensatz zu den Antidepressiva machen diese Arzneimittel aber nach längerer Einnahme abhängig – das heißt süchtig. Weil sie zunächst neben der beruhigenden Wirkung auch die Stimmung aufhellen, sind diese Medikamente sehr beliebt und werden oft mißbräuchlich und in immer höheren Dosierungen eingenommen.

Offenes Gespräch mit dem Arzt

Bevor Sie ein solches Benzodiazepin-Medikament (davon gibt es sehr viele mit unterschiedlichen Markennahmen) verschreiben lassen und nehmen wollen, sollten Sie zusammen mit Ihrem Arzt über Ihre Gewohnheiten bezüglich der Medikamenteneinnahme nachdenken. Denn bei diesen Arzneimitteln kommt es allzuleicht vor, daß sie nicht nur in Zeiten wirklichen Bedarfs genommen werden, sondern auch sonst immer in Griffweite liegen, weil es schließlich so angenehm ist, sich mit ihrer Hilfe weniger Sorgen zu machen, die Welt durch eine »rosafarbene Brille« zu betrachten, alles nicht immer so ernst zu nehmen und Unangenehmes einfach »wegzuschalten« (anstatt sich aktiv und konstruktiv damit auseinanderzusetzen und Lösungsmöglichkeiten zu finden). Jedes Beruhigungs- und Schlafmittel birgt grundsätzlich die Gefahr der Abhängigkeit, das sollten Sie sich unbedingt bewußt machen. Sehr viele Beschwerden, die eine Frau im Laufe der Zeit unter dem Einfluß von Tranquilizern – so ein anderer Fachausdruck für diese Arzneimittel – entwickelt, sind überhaupt erst auf die Medikamenteneinnahme zurückzuführen, beispielsweise schlechtes Schlafen, Kopfweh und Müdigkeit. Wenn die Frau, hellhörig geworden, die Mittel dann absetzt, reagiert ihr Körper oft mit mehr oder weniger deutlichen Entzugssymptomen, und es geht ihr etwa vierzehn Tage lang tatsächlich schlecht – oder noch schlechter als vorher. Der Griff zum nächsten Tranquilizer liegt dann sehr nahe.

Suchtgefahr

Suche nach den Ursachen

Frauen, die im ehrlichen Zwiegespräch mit sich selbst oder ihrem Arzt zugeben müssen, daß sie schnell zu Tabletten greifen, um damit Schmerzen oder seelische Mißbefindlichkeiten »wegzuschlucken«, sollten auf gar keinen Fall auch noch Beruhigungstabletten gegen ihre prämenstruellen Stimmungsveränderungen nehmen. Für sie wäre es sehr viel wichtiger, nach den PMS-Auslösern zu fahnden und eventuell auch psychotherapeutische Hilfe dabei in Anspruch zu nehmen. Denn – und das muß einmal ganz offen gesagt werden – sie sind in großer Gefahr, medikamentenabhängig zu werden (wenn sie es nicht schon sind). Und ihr Arzt tut ihnen keinen Gefallen, wenn er ihnen noch weitere Medikamente dieses Typs verschreibt, im Gegenteil: Damit wird das Übel noch verstärkt.

Frauen und Tranquilizer

Von allen Deutschen, die Beruhigungsmittel einnehmen, stellen Frauen aller Altersgruppen mit 70 bis 75% die weitaus größte Gruppe dar. Zum Teil liegt das daran, daß sie selbst oft glauben, auch unter den größten (Dreifach-)Belastungen möglichst immer gut funktionieren zu müssen, anstatt auch mal »fünf gerade sein« zu lassen oder sich Frust und Kummer einzugestehen. Zum Teil liegt das aber auch daran, daß Frauen dazu neigen, ihre Frustration über unbefriedigende Lebenssituationen herunterschlucken, statt offen zu äußern. Heruntergeschluckte Aggressionen aber, darüber ist in der Psychologie bereits viel gesagt und geschrieben worden, können sich nach innen kehren, werden zur Melancholie und Depressivität. Schlimmstenfalls wirken sie selbstzerstörerisch, so daß der Gedanke, sich lieber umzubringen als so weiterzuleben, immer näher rückt.

Daß einer solchen Situation nicht allein mit Tabletten zu Leibe gerückt werden kann, liegt auf der Hand: Hier sind psychotherapeutische Bemühungen notwendig, mit denen die Frau lernen kann, ihre Bedürfnisse und Wünsche einzugestehen und ihre Lebensbedingungen so zu ändern, daß sie damit konstruktiver umzugehen vermag. Tranquilizer können dann allenfalls kurzfristig zum Überbrücken einer besonders schwierigen Phase und zum Einleiten der Therapie eingesetzt werden.

Eine solche schwierige Phase kann auch die allmonatliche prämenstruelle Phase sein. Falls Sie gemeinsam mit ihrem Arzt feststellen, daß Ihnen die Hilfe von Medikamenten zunächst einmal sehr nützen könnte, bis Sie Ihre PMS-Auslöser besser durchschaut und auch auf andere Weise in den Griff bekommen haben, ist gegen den zeitlich begrenzten Einsatz von (möglichst leichten) Tranquilizern nichts einzuwenden.

Diuretika

Mittel zum »Entwässern«

Neben kochsalzarmer Kost und einer entwässernden Diät mit viel Rohkost, Lauch, Kartoffeln und frischen Kräutern werden Frauen mit PMS oftmals auch Entwässerungsmittel, sogenannte Diuretika, verschrieben. (Auf den Seiten 109 ff. war bereits von ihnen die Rede.) Es gibt viele pflanzliche Diuretika, die Sie rezeptfrei oder auch auf ärztliche Verordnung hin in der Apotheke erstehen können. Daneben gibt es eine ganze Reihe von Diuretika, die verschreibungspflichtig sind. Sie werden auch bei krankhaft erhöhtem Blutdruck und bestimmten Herzleiden angewandt. PMS-Patientinnen bekommen sie oft verschrieben, wenn sie prämenstruell über starke Wasseransammlungen (Ödeme) im Gesicht, an den Armen und Beinen, in den Brüsten oder dem Bauchbereich klagen.

Ödeme und »Wasser«

Wenn sie jeweils nur wenige Tage lang eingenommen werden, kann die betreffende Frau damit tatsächlich ihr Gefühl der Aufgedunsenheit verlieren. Zu lange, zu hoch dosiert oder gar täglich eingenommen, haben sie jedoch eine Reihe zum Teil schwerer Nebenwirkungen: Da die meisten Diuretika mit dem wasserbindenden Kochsalz auch andere wichtige Mineralstoffe ausschwemmen, können sich unter Umständen schwere Störungen des gesamten Mineralhaushalts einstellen. Gelegentlich gibt es auch allergische Reaktionen, die sich meist verzögert bemerkbar machen, oder (selten) eine akut auftretende Bauchspeicheldrüsenentzündung. Bevor Sie irgendein stärkeres Entwässerungsmittel einnehmen, muß unbedingt sichergestellt sein, daß Sie nicht etwa schwanger sind, denn gerade im ersten Schwangerschaftsdrittel reagiert der Körper auf den Entzug von Mineralstoffen ausgesprochen empfindlich!

Gewicht prüfen

Diuretika, über begrenzte kurze Zeiträume eingenommen, sind auch nur dann sinnvoll, wenn die Frau in der prämenstruellen Phase tatsächlich mehr Wasser als zuvor einlagert und nicht etwa ihr Gewebewasser im Körper nur umverteilt wird. Das läßt sich nur durch Gewichtsmessungen einigermaßen sicher feststellen – und auch nur dann, wenn die Betroffene vor ihren Tagen nicht auch noch zu Heißhungeranfällen neigt (und dadurch zwangsläufig etwas zunimmt).

Zum therapeutischen Angebot, das Gynäkologen und Gynäkologinnen für ihre PMS-Patientinnen bereithalten, gehören auch Präparate zur hormonellen Empfängnisverhütung, kurz Antibabypillen genannt. Und das aus folgendem Grund: Die Gestagen-Östrogen-Kombination, die damit täglich (mit einwöchiger Pause nach dreiwöchiger Einnahme) eingenommen wird, gaukelt dem weiblichen Körper sozusagen eine hormonelle Schwangerschaft vor.

Verhindert die Pille PMS?

In der Schwangerschaft aber, so hat sich herausgestellt, verschwinden PMS-Beschwerden der verschiedensten Art fast immer spurlos. Was lag also näher, als nicht nur zur Empfängnisverhütung, sondern auch zur PMS-Verhütung die »Pille« zu verordnen? Der Erfolg gibt den Verfechtern dieser Therapieform durchaus oft genug recht: Viele Frauen klagen in der Zeit der Pilleneinnahme nicht mehr über prämenstruelle Beschwerden körperlicher wie seelischer Art oder empfinden sie doch zumindest als stark abgemildert.

Dazu ist allerdings folgendes zu sagen: Frauen, die die Pille nehmen, haben streng genommen überhaupt keine PMS. Denn während der Pilleneinnahme stellt sich bei ihnen auch keine normale Menstruation ein (die ja definitionsgemäß dem PMS folgt). Wer hormonell die Empfängnis verhütet, bekommt in der allmonatlichen Pillen-Pause vielmehr eine sogenannte Abbruchblutung, eine Reaktion auf den Entzug der künstlich zugeführten Hormone.

Darüber hinaus bewirkt die Pille folgende Ver-

So wirkt die Pille

änderungen im Körper der Frau: Sie unterbindet bis zu einem gewissen Grad die Funktionen der Eierstöcke, so daß monatlich zwar noch mehrere Follikel reifen und einer sich auch zum Sprung bereitmacht, aber dann doch nicht springt. Der Eisprung wird also von der Pille unterdrückt. (Das ist eine der wichtigsten Wirkungen hormoneller Verhütungsmittel, denn wenn der Eisprung ausbleibt, kann auch kein befruchtbares Ei den Eileiter entlangwandern und auf eindringende Samenfäden treffen.) Außerdem bewirken die künstlichen Hormone der Pille, daß sich die Gebärmutterschleimhaut nicht ordnungsgemäß aufbauen kann, ein vielleicht doch unplanmäßig gesprungenes Ei also kein richtiges »Nest« zum Einnisten vorfindet.

Heute gebräuchliche, moderne Pillen-Präparate enthalten gerade so viel Östrogene und Gestagene, wie für diesen Wirkmechanismus nötig sind, ohne den Körper der Frau mehr als unbedingt nötig zu belasten. Deshalb ist auch die Nebenwirkungsrate der modernen Antibabypillen erheblich kleiner als die der hochdosierten Präparate.

Sobald eine PMS-Patientin gegen ihre Beschwerden die »Pille« nimmt, muß sie wissen: Sie hat fortan keinen normalen Monatszyklus mehr. Sie hat keinen Eisprung, keine Menstruation im eigentlichen Sinne, und ihr Monatsrhythmus, der früher meist etwas kürzer, etwas länger als 28 Tage oder auch etwas unregelmäßig war, wird exakt auf einen 28-Tage-Rhythmus eingestellt. Und: Die Frau ist für die Dauer

der regelmäßigen Pilleneinnahme unfruchtbar. (Das ändert sich wieder, sobald sie die Pille absetzt und den nächsten Eisprung hat.)
Definitionsgemäß gibt es prämenstruelle Beschwerden nur in Zyklen mit Eisprung, zwischen Eisprung und Menstruation. Aus diesem Grund haben die meisten Pillen-Einnehmerinnen keine »prämenstruellen« Beschwerden mehr. Bei manchen bleiben die Symptome aber trotz Pille bestehen oder werden nur unwesentlich schwächer. Das kann mehrere Gründe haben: Meist deutet es darauf hin, daß die prämenstruellen Beschwerden nicht hormonell bedingt sind, sondern mit dem psychischen Erleben des monatlichen Zyklus, mit äußeren Umständen, mit widersprüchlichen Gefühlen zur eigenen Rolle als Frau in dieser Gesellschaft zu tun haben. Da auch die normale Pilleneinnahme so etwas wie eine »Menstruation« herbeiführt (eben die Abbruchblutung in der vierten Woche), kann sich das Empfinden der Frauen hinsichtlich ihrer monatlichen Blutung trotz Pille nicht oder nur wenig verändern. Die alte Problematik bleibt bestehen, und damit auch die allmonatliche Mißstimmung.

Liegt die Ursache in der Psyche?

Zum anderen ist die Natur manchmal stärker als das, was der Mensch ihr vorgaukeln oder hinzufügen will. Das ist zum Beispiel auch bei Eileiter-Durchtrennungen zu beobachten, die durchgeführt werden, wenn eine Frau sich sterilisieren lassen will (oder Samenleiterdurchtrennungen bei der Sterilisation des Mannes). Bisweilen geschieht es, daß die Ei- bzw. Samenleiter in den Monaten nach der Operation einfach wieder zusammenwachsen, auch wenn dazwischen mehrere Zentimeter Gewebe entfernt wurden. Offenbar bemüht sich die Natur nach Kräften, die Fruchtbarkeit zu erhalten bzw. wiederherzustellen. Ähnlich kann es nun beim PMS sein: Die künstlichen Hormone der Pille greifen zwar in den Hormonhaushalt der Frau ein, so daß sie nicht mehr empfängnisbereit ist. Ihr Gesamtorganismus aber läßt sich von dieser Hormonzufuhr nicht so schnell »übertölpeln« und ist immer noch auf den normalen Rhythmus und Zyklus eingestellt, obwohl er nicht mehr stattfindet. Ebbe und Flut bestimmter körperlicher und seelischer Veränderungen lassen sich nicht so rasch abschalten. Und das kann heißen: Die PMS-Beschwerden kehren trotz monatelanger Pilleneinnahme doch immer wieder.

PMS-Probleme trotz »Pille«?

Über die möglichen Nebenwirkungen der Antibabypille wissen heute die meisten Frauen recht gut Bescheid, so daß sie hier nicht ausführlich abgehandelt werden müssen. Und es gibt auch eine Reihe von Frauen, die von vornherein besser keine Pille nehmen sollten – sei es zur Empfängnisverhütung oder zur PMS-Verhütung. Dazu gehören Patientinnen mit Leberleiden, mit Neigung zu Venenerkrankungen oder Migräne sowie starke Raucherinnen über 35. Falls also zur Debatte steht, ob eine Frau mit PMS-Beschwerden die Pille nehmen sollte, um ihre Symptome loszuwerden, müssen alle üblichen Gegenanzeigen gegen hormonelle Verhütungsmittel bedacht werden. Und es müssen

auch alle möglichen Neben- und Folgewirkungen der Pille sorgsam gegen ihren möglichen Nutzen abgewogen werden. In Frage kommen dabei ohnehin nur die Pillen-Präparate der sogenannten »dritten Generation«, das heißt, die modernen, niedrig dosierten Pillen mit zum Teil neuartigen Gestagenen, deren Nebenwirkungsrate im Vergleich zu den alten Pillen-Präparaten relativ niedrig liegt.
Die Pilleneinnahme gegen PMS-Beschwerden wird meistens mindestens sechs bis neun Monate lang, manchmal auch länger, empfohlen. Sicher vorhersehbar ist ein Behandlungserfolg jedoch nicht. In diesem Punkt unterscheidet sich diese Therapie nicht von anderen, die gegen PMS angeboten werden.

Vorteil der »Pille«

Einen Vorteil hat die Pillen-Behandlung jedoch gegenüber anderen Therapien: Die Pillen-Einnehmerin ist während dieser Zeit unfruchtbar und braucht keine Angst vor unerwünschter Schwangerschaft haben. Manche Frauen erleichtert dieser Gedanke so sehr, daß allein dies schon ihre Beschwerden lindert. Sollte sie einen ambivalenten Kinderwunsch mit sich herumtragen (siehe hierzu auch ab Seite 128 ff.), kann sie ihn für die Zeit der Pilleneinnahme zurückstellen, und er wird sie auch nicht mehr so belasten: Sie hat sich ja ganz freiwillig für diese Form der Therapie gegen ihr PMS entschieden und ihre zeitweilige Unfruchtbarkeit dabei billigend – oder sogar ganz dankbar – in Kauf genommen. Das gibt ihr auch Zeit, ohne den biologischen Druck ihrer Fruchtbarkeit einmal intensiv darüber nachzudenken, ob sie denn nach Beendigung der PMS-Therapie ein (weiteres) Kind möchte oder sich doch lieber dagegen entscheiden will. Ein solcher Aufschub des Problems kann außerdem manche Klärung bringen, die in angespannter Situation vielleicht gar nicht möglich gewesen wäre.

Kinderwunsch

Frauen mit eindeutigem und dringlichem Kinderwunsch hingegen müssen sich klarmachen: Wenn sie die Pille gegen ihr PMS nehmen, können sie nicht schwanger werden. Falls sie das allmonatlich heftig bedauern, sollten sie sich lieber zu einer Schwangerschaft entschließen, statt mit der Pille ihrem Körper eine Schwangerschaft vorzugaukeln, die dann doch nicht entstehen kann. Eine Schwangerschaft bietet weit bessere Chancen, daß sie ihr PMS loswerden.

Eines ist den folgenden Therapieversuchen und -ansätzen gemeinsam: Es werden dabei keine Operationen im chirurgischen Sinne vorgenommen, und es werden keine künstlich hergestellten (in der Natur so nicht vorkommenden) chemischen Verbindungen verwendet.

Lymphdrainage (nach Professor Földi, Ungarn)

Massage der Lymphbahnen

Diese Behandlungsform, auch Therapeutische Lymphdrainage genannt (im Unterschied zur rein kosmetischen, die in allen guten Kosmetikinstituten ausgeführt wird), ist eine spezielle Heilmassage, die bei ärztlicher Verordnung auch von den Krankenkassen bezahlt wird. Ihr muß eine gründliche medizinische Diagnostik vorausgehen, denn sie darf nicht in allen Fällen eingesetzt werden (zum Beispiel nicht, wenn Entzündungen bestehen oder Krebszellen verschleppt werden könnten). Bei der Lymphdrainage werden mit bestimmten Griffen die Lymphbahnen des Körpers von Stauungen befreit und dabei Wasseransammlungen (Ödeme) ausgeleitet. Frauen, die prämenstruell unter starken Ödemen zu leiden haben, können sich einmal im Monat einige Monate lang von einer speziellen Massagefachkraft behandeln lassen (meist sind mehrere Sitzungen nötig). Unter Umständen kommt dabei ihr Lymphgefäßsystem wieder so in Schwung, daß der Erfolg über längere Zeiträume anhält, auch wenn dann nicht weiter behandelt wird. Manchmal allerdings kommen die Ödeme auch trotz der Behandlung immer wieder; dann muß (eventuell

Zusätzliche Arzneimittel

zusätzlich zur Massage) zu weiteren entwässernden Mitteln gegriffen werden.

Bindegewebsmassage

Das ist eine besondere Form der Heilmassage, die von speziell darin ausgebildeten Masseuren oder auch Krankengymnasten angeboten wird. Unter Umständen übernimmt die Krankenkasse die Behandlungskosten (wenn die Bindegewebsmassage ärztlich verordnet wird). Auch diese Therapie bedient sich der Reflexzonen in der Haut, vor allem des Rückenbereichs. Sie sollen durch eine besondere Zupfmassage des unter der Haut liegenden Bindegewebes angeregt und heilsam stimuliert werden. Jeder sogenannten Bindegewebszone – das sind Zonen, die bei vorliegenden Störungen streifig aufgequollen erscheinen oder eingezogen sind – werden Organbereiche im Innern des Körpers zugeordnet. So gibt es beispielsweise über dem Kreuzbein am unteren Teil des Rückens eine »Menstruationszone«, die bei Frauen mit Zyklusstörungen (für das geschulte Auge auffällig) verändert ist. An starkem PMS leidende Frauen, die vor allem über Kopfweh, Magenbeschwerden, Verstopfung, Herzbeschwerden klagen oder eine Zyklusstörung haben, können unter Umständen von dieser Massage profitieren. Aber: Sie ist nicht nur wohltuend, sondern kann auch ziemlich wehtun. Der empfundene Schmerz beim Massieren ist sogar diagnostisch wichtig, denn er zeigt an, ob der Masseur die richtige Bindegewebszone unter den Fingern hat.

Bestimmte Bindegewebszonen

Chiropraktik (auch Chirotherapie genannt)

Dieser Behandlungsansatz geht davon aus, daß der gesamte Körper davon beeinflußt wird, in welchem Zustand sich die Wirbelsäule mit ihren Wirbelkörpern und Bandscheiben, ihren Nerven und Bändern, ihren daran ansetzenden Muskeln usw. befindet. Chiropraktiker – zu denen nicht wenige Orthopäden zählen, die eine Zusatzausbildung auf diesem Gebiet erworben haben – werden auch Fachleute für Manuelle Medizin genannt: Die allermeisten Griffe der Chirotherapie werden ausschließlich von Hand ausgeführt. Das Ziel ist, mit bestimmten Handgriffen entlang der Wirbelsäule die Beweglichkeit und Drehbarkeit der Wirbel wiederherzustellen (die oft wegen jahrelanger Fehlbelastung und Fehlhaltung eingeschränkt sind) und die schmerzhaften Verkrampfungen von Rückenmuskeln zu lösen. Dann werden die einzelnen Partien der Wirbelsäule wieder in ihre richtige Position zueinander gerückt. Vor jeder Chirotherapie muß zunächst eine gründliche Diagnose erfolgen, denn es gibt eine Reihe von Erkrankungen (z.B. Entzündungen oder Geschwülste im Bereich der Wirbelsäule), bei denen chirotherapeutische Manipulationen nicht nur sinnlos, sondern unter Umständen sogar sehr gefährlich sind. Es darf auch keine Rückenmarksverletzung vorliegen; und bei akuten Infekten jeglicher Art sollte die Therapie bis zur Gesundung verschoben werden. Frauen mit heftigen Kreuzschmerzen in ihrer prämenstruellen Phase, mit Spannungskopfweh und Migräne kön-

So funktioniert Chiropraktik

Große Erfahrung nötig

nen sich einer solchen Behandlung unterziehen (vom Arzt ausgeführt, wird sie auch von den Krankenkassen bezahlt). Nicht wenige werden dadurch ihre Beschwerden los und fühlen sich auch während der sonstigen Zeit ihres Zyklus beweglicher und unverkrampfter (neigen beispielsweise nicht mehr so oft zum »Hexenschuß«).

Hierunter werden Therapieansätze verstanden, die von nicht (ausschließlich) schulmedizinisch denkenden und handelnden Therapeuten angeboten werden. Das können Heilpraktiker, Masseure, psychologisch oder in Körpertherapie Geschulte, aber auch Ärzte sein, die sich neben der schulmedizinischen Ausbildung weitere Kenntnisse, zum Beispiel in chinesischen Heilverfahren oder Naturheilweisen, angeeignet haben.

Homöopathie

Alte Regeln der Homöopathie

Diese Form der Arzneimittel-Verabreichung hat auch in der Ärzteschaft zahlreiche Anhänger, da die Behandlungsergebnisse, vor allem bei chronischen Leiden, durchaus für sich sprechen. Homöopathische Arzneien müssen nach den strengen Regeln ihres Erfinders, des Arztes Samuel Hahnemann, verdünnt (dilutiert), verrieben oder mit einem Lösungsmittel verschüttelt und dabei potenziert (verstärkt) werden, wie es in der Fachsprache heißt. Nach dem Grundsatz »Gleiches möge mit Gleichem geheilt werden«, wird jedes individuelle Symptom und Beschwerdebild der Patientin registriert und dann nach genau demjenigen Mittel unter den homöopatischen Arzneien gesucht, das bei einer gesunden Frau eben diese Symptome hervorrufen würde. In der winzigen Menge, die als Wirkstoff in der homöopathischen Arznei vorhanden ist, soll sie den Körperzellen jedoch einen heilsamen Anstoß geben. Homöopathie hat mit den üblichen Pflanzenheilkunde-Mitteln

»Gleiches mit Gleichem« heilen

nur insofern zu tun, als auch – aber nicht nur – pflanzliche Wirksubstanzen dabei als Grundstoffe verwendet werden. Nicht jedes Pflanzenheilkunde-Mittel ist also homöopathisch, es kommt ganz auf die Zubereitung an. Für Frauen mit prämenstruellen Beschwerden kann die Homöopathie eine sanfte Methode sein, den Organismus zur Selbstheilung zu bewegen und ein gestörtes Gleichgewicht wiederherzustellen. Wie bei den meisten Arzneien gegen PMS ist eine kurmäßige Anwendung erforderlich, bis sich ein Erfolg abzeichnet.

Akupunktur

Geheimnisvolle Energiebahnen

Altindischer- und -chinesischer Auffassung zufolge wird jeder menschliche Körper von Energieströmen durchzogen, die entlang sogenannter Meridiane fließen (das sind Energiebahnen, die die Schulmedizin in den Körpergeweben zwar noch nicht ausfindig machen konnte, die aber trotzdem vorhanden sein könnten). Bei Erkrankungen und Störungen des Körpers, des Geistes und der Seele sollen diese Energieströme entweder zu schwach fließen, zu stark fließen oder gestaut sein. Die Energieströme sollen über sogenannte Akupunkturpunkte auf und in der Haut heilsam beeinflußbar sein. Mit feinen Nadeln wird (nahezu schmerzfrei) in diese Punkte eingestochen und der Strom damit reguliert, eine Blockade aufgelöst. Bei der Akupressur, der »kleinen Schwester« der Akupunktur, wird der jeweilige Punkt durch Fingerdruck massiert und so stimuliert.

Akupressur durch Fingerdruck

Beim Shiatsu, der japanischen Variante dieser Behandlung, werden die gesamten Meridiane in ihrer ganzen Länge »entstaut« und massiert. Frauen mit PMS leiden diesem Therapieansatz zufolge an einer Störung ihres energetischen Gleichgewichts.

Dann hat es keinen Zweck

Ob eine dieser Therapieformen ihr wirklich helfen kann, muß die PMS-Patientin selbst ausprobieren. Faustregel: Wenn sich nach etwa fünf Sitzungen nichts positiv verändert und die Beschwerden so stark oder unangenehm sind wie zuvor, sollte die Behandlung abgebrochen werden. Denn nicht alle Menschen reagieren überhaupt auf Stimulation der Akupunkturpunkte. Und natürlich spielt es auch eine große Rolle, ob der Akupunkteur, Akupresseur oder Shiatsu-Therapeut sein kunstvolles (und durchaus nicht einfaches) Handwerk wirklich ausreichend erlernt hat oder sich nur an wenigen Wochenendseminaren ein paar Grundkenntnisse angeeignet hat: Diese Therapieform bedarf ausreichender Erfahrung!
Die Weltgesundheitsorganisation (WHO) ist in jahrelangen beobachtenden Studien zu dem Schluß gekommen, daß sich der Versuch mit Akupunktur insbesondere bei Verstopfung, Kopfschmerzen und Migräne lohnen kann. Sie empfiehlt sie in solchen hartnäckigen Fällen offiziell.

Fuß-Reflexzonen-Massage

Diese Behandlungsform basiert auf der Theorie, der Körper des Menschen werde von Reflexzo-

Über die Füße innere Organe beeinflussen?

nen durchzogen, die in den Füßen – bei einer anderen Form auch in den Händen – endeten. An den Fußsohlen, den Fußinnenflächen bis zum Knöchel und dem Fußrücken lassen sich, der Reflexzonenlehre zufolge, Punkte mit dem Daumen aufspüren, die besonders schmerzempfindlich sind, auch wenn sie nur ganz sanft berührt werden. Das deute darauf hin, daß die zugehörige Region im Körperinnern gestört, gestaut, blockiert, schlecht durchblutet sei. Mit regelmäßiger Fuß-Reflexzonen-Massage sollen Schlacken besser abtransportiert, die Durchblutung und der Lymphfluß angeregt und ein heilsamer Einfluß auf das jeweilige Organ genommen werden. Ausgeführt werden solche Massagen in aller Regel von Heilpraktikern mit spezieller Ausbildung in Fuß-Reflexzonen-Massage oder von Menschen, die sich besondere Kenntnisse in dieser Behandlungsform angeeignet haben (etwa in alternativen Gesundheitszentren). Frauen mit verschiedenen körperlichen PMS-Beschwerden, vom Kopfweh bis zur hormonellen Zyklusstörung, kann eine solche Behandlung unter Umständen tatsächlich nützen. Aber sie dürfen nicht wehleidig sein: Die ersten Behandlungen können wehtun, und manche Symptome verschlechtern sich zunächst, bevor sie sich bessern (dieser Effekt der »Erstverschlimmerung« ist bei vielen Naturheilverfahren normal und auch von Kuren her bekannt).

Frauen helfen Frauen

Frauen mit prämenstruellen Beschwerden haben nicht nur den Wunsch, endlich von ihren körperlichen und seelischen quälenden Beschwerden befreit zu werden, sondern sich auch einmal mit anderen Leidensgenossinnen auszusprechen und in Erfahrung zu bringen, was andere Frauen eigentlich gegen ihr PMS unternehmen. PMS-Selbsthilfegruppen, von Frauen für Frauen gegründet, gibt es bereits in einigen Städten. Das Wichtigste an solchen Gruppen ist: Alle Beteiligten haben ähnliche Probleme und können einander daher gut verstehen und ihre Erfahrungen mitteilen, ohne befürchten zu müssen, daß sie nicht ernst genommen oder gar ausgelacht werden. Und sie können gemeinsam Strategien für bestimmte Situationen entwickeln, in denen PMS-Symptome – etwa depressive Stimmungen – überhandzunehmen drohen. Jede Frau der Gruppe kann den anderen auch beistehen, wenn sie mal wieder »dran sind«, durch ein offenes Gespräch, die Tatsache, telefonisch in solchen Momenten erreichbar zu sein, oder auch durch eine gemeinsame Unternehmung, die von der prämenstruellen Mißstimmung ablenkt. Oft entwickeln sich aus solchen Gruppenerfahrungen heraus auch gute, starke Freundschaften und viel Anlaß zu befreiendem Lachen.

Hilfe in der Gruppe

Auch die Rolle der Frau in unserer Gesellschaft, die widersprüchlichen Erfahrungen mit der Weiblichkeit, mit Kindern oder Kinderwunsch, mit Partnerschaften und sozialen Anforderungen können dabei zum Thema gemacht werden. In einer solchen Gruppe können die Teilnehmerinnen dazu angeregt werden, eine Art »Erste Hilfe« für ihr spezielles PMS-Problem zu entwickeln: Verhaltensalternativen, Heilverfahren, Arzneien und andere Möglichkeiten kennenzulernen und für sich bereitzuhalten, sobald die kritische Zeit wieder einmal naht. Das Wissen, daß sie nicht allein auf weiter Flur mit prämenstruellen Veränderungen zu kämpfen haben, sondern daß es anderen Frauen ganz ähnlich ergeht, hat meist schon eine positive Wirkung.

Selbstheilungskräfte

Wenn Sie dieses Buch bis hierher aufmerksam gelesen haben, wissen Sie nun Bescheid über das vielfältige Erscheinungsbild des prämenstruellen Syndroms, seine möglichen Ursachen, die unterschiedlichen Behandlungswege und Selbsthilfe-Möglichkeiten. Sie sind also auf das Gespräch mit Ihrem behandelnden Arzt bestens vorbereitet. Nur er kann entscheiden, ob ernstere Gesundheitsstörungen ausgeschlossen werden können.

Über die wichtigste Grundlage des Gesundwerdens wurde bisher eher nur am Rande gesprochen: die Selbstheilungskräfte, die in jedem Menschen – auch Ihnen – wohnen. Wer die eigenen Energien daransetzt, gesund zu werden und sich wohlzufühlen, wird das viel eher und besser erreichen als eine Person, die sich nur passiv behandeln läßt und sämtliche Verantwortung für das eigene Wohlergehen in fremde Hände gibt. Mit solchen Menschen haben es alle Heilkundigen stets besonders schwer, denn bei ihnen versagen oft selbst probate Mittel der Heilkunst. Der Grund: Wenn die Seele nicht wirklich gesunden will, wird auch der Körper nicht gesund. Körper, Geist und Seele bilden stets eine untrennbare Einheit, und wer nicht aktiv an der eigenen Gesundung mitarbeitet oder im Innern überzeugt ist, daß gegen die eigenen Beschwerden »wahrscheinlich eben doch kein Kraut gewachsen« ist, wird das jeweilige Leiden auch nur sehr schwer oder gar nicht loswerden.

Auf der anderen Seite hilft nichts so rasch zur

Gesundung wie ein starker Wille und festes Zutrauen zu dem therapeutischen Weg, der dabei beschritten werden soll. Ein Mittel wirkt stets um so besser, je stärker man auch daran glaubt – das ist eine sehr alte medizinische Weisheit! Auf das PMS bezogen bedeutet sie: Ganz gleich, ob Sie es mit Vitaminen, mit regelmäßigem Bewegungstraining, mit einer Selbsterfahrungsgruppe oder mit einer Hormontherapie versuchen, je überzeugter Sie davon sind, daß dieses Mittel Ihnen helfen kann, desto sicherer wird sich auch ein Erfolg einstellen.

Medizin-Forschern ist diese Tatsache seit langem geläufig. Deshalb haben sie sich einen wirksamen »Trick« ausgedacht, mit dessen Hilfe herausgefunden werden kann, ob tatsächlich eine bestimmte Arznei Beschwerden lindert, oder ob es nur der Glaube der Patientinnen und Patienten an die Wirkung dieser Arznei ist, die ihre Beschwerden abklingen läßt. Wenn Arzneien in der Klinik auf ihre Wirksamkeit getestet werden, stellt man meistens zwei Gruppen von Leuten zusammen: Die einen bekommen die zu testende Arznei verabreicht; die anderen bekommen ein Präparat, das äußerlich ganz genau so aussieht, aber nichts anderes als Milchzucker enthält (also eine Pille oder Kapsel ohne jede Wirksubstanz). Solche »Leer-Präparate« werden in der medizinischen Fachsprache Plazebo – auch: Placebo – genannt. Erstaunlicherweise unterscheidet sich der Therapieerfolg in der einen Gruppe gar nicht so selten nur wenig von dem der anderen Gruppe: In beiden Gruppen

Heilung durch Plazebos?

nehmen die Beschwerden ab, auch wenn nur eine die echte Arznei erhalten hat. Das trifft vor allem auf Menschen mit Erkrankungen zu, die zu einem hohen Anteil seelisch mitbedingt sind.
Sehr bekannt ist dieses Phänomen aus der Kopfschmerz- und Migräne-Forschung: Rund 60% aller Kopfschmerzen verschwinden allein dadurch, daß der Arzt ein Plazebo verabreicht! Wichtig ist natürlich, daß die Patientin bzw. der Patient den sicheren Eindruck hat, wirksam behandelt zu werden und an die Wirkung dieser »Arznei« auch glaubt.
Manche Menschen tun Plazebos als »Humbug« ab und sprechen von »Irreführung der armen Patienten«. Doch diese Haltung ist eigentlich ziemlich arrogant: Wichtig ist ja ausschließlich, daß ein Mittel wirklich hilft und nicht, was denn nur darin enthalten ist. Hinzu kommt: Ein Plazebo hat keine unliebsamen Nebenwirkungen (was von vielen echten Arzneien ja leider nicht behauptet werden kann).

Wer heilt, hat recht

»Wer heilt, hat recht« – dieser lapidare Spruch läßt sich auch auf das PMS anwenden. Ganz gleich, welche Therapie Ihnen ärztlicherseits verschrieben, von einer heilkundigen Fachkraft verordnet, in der Apotheke empfohlen oder von einer Nachbarin angeraten wird: Wenn sie Ihnen hilft, war es in Ihrem Falle wohl die richtige. Und wenn sie Ihnen nicht hilft, war es in Ihrem Falle die falsche.
Jede Frau ist ein Individuum, und jedes Individuum reagiert unterschiedlich auf ein- und den-

selben Therapieansatz. Was Ihrer Freundin gegen ihr PMS geholfen hat, muß Ihnen nicht ebenso helfen, und was Sie selbst als wohltuend empfanden, muß anderen nicht ebenso nutzen. Auch aus diesem Grund können die verschiedenen Behandlungsangebote nur schwerlich als »richtig« oder »falsch«, als »nützlich« oder »unnütz« gewertet werden.

Wenn Sie in diesem Buch etwas gefunden haben, das Ihr persönliches PMS-Problem lösen hilft, dann hat es seinen Zweck erfüllt.

A

B

C

D

E

Stichwortverzeichnis

Stichwortverzeichnis

S

T

U

V

W

X/Y

Z